勝田 悟【著】 KATSUDA Satoru

環境保護制度の基礎

〔第4版〕

法律文化社

第4版はしがき

　自然現象は，一定の法則に従い時間の経過とともに進行し，空間的変化は
ミクロ，マクロの世界で時間に伴い進行する。いったん過ぎ去った時間は，
どうしても取り返すことはできない。汚染がいったん発生すると，何らかの
対処がない限り空間に広がり続けることとなる。

　地球は，誕生してから46億年間，多くの自然現象を体験している。地球に
とっては，人間の存在などほんの一瞬にしかすぎない。われわれの周りには，
百あまりの元素が，いろいろと結合を変えて存在しているだけであり，人間
もその6種類ぐらいの元素で形作られている。この事実から地上におけるわ
れわれ人間の存在は，非常に微妙な物質平衡に基づいて築かれていることを
まず理解しなければならない。化学物質は，これら元素の基本的な粒子であ
る原子が極めて複雑に結合したものであり，各々に様々な性質を持っている。
人間にとって不可欠なものもあれば，生体内で破壊的な反応を示すものもあ
る。

　地上に存在する化学物質の種類は，研究でのみ使用されるものも含めると1
億物質を超え，いまだに絶えず新しい物質が作り出されている。そのほとん
どは，環境中での正確な性質が明白になっていない。また，石油や鉱物など
地下深くから多くの化学物質が掘り出されており，地上に拡散している。現
在，地上の環境のバランスは，今まで体験したことがない状態へ急激に変化
していると考えられる。多くの人間が幸福の目標としている物質文明は，生
体にとっては新たな危険な状態への変化ともいえる。

　経済活動の拡大や研究・技術開発の進展は，無限な金銭的欲望や知的欲求
の結果生じるものだが，地球は有限な存在であることを認識しなければなら
ない。自然科学は，地球に存在する化学物質を分析・解析し，コントロール
をしようとしているが，複雑な人間社会を，自然科学の法則によって，解析，
コントロールすることはできない。この制御を実現するには，強制力を持っ

た規制や社会的な誘導を目的とした規制による社会秩序の形成が必要となる。すなわち，人間にとって必要な環境を維持するには，自然科学に基づく社会科学的な制度が不可欠といえる。

　環境保護のための法律や条約，業界規制などの制度は，人間社会をコントロールして，環境の物質バランスをマクロの面から制御して，一定の環境を作り出そうとする試みであり，まだ始まったばかりである。

　本書では，環境保護のための制度を，資源利用の効率化，有害物質の拡散防止，および情報整備の面からの考察を試みた。環境問題は，身近なものでは労働現場や住居での汚染があり，生態系が自然システムを支えている地域環境から大気の物質バランスを変化させてしまう地球環境と規模が大きく異なり，メカニズムも違う。しかし，環境の変化が，人間およびその他生物または生態系にダメージを与えているということはまぎれもない事実である。環境分野は，労働や建設，運輸，食品など多岐の分野に渡り密接に関連しており，人の生活全般の問題を取り扱っている。環境法に関連するテリトリーも広範囲に及ぶ。

　第1章では，環境問題を広くとらえ，全般的に取り上げ，その影響のメカニズムと規制の概要を述べた。第2章については，環境保護制度の基本的な考え方や歴史的経緯について解説した。第3章では，資源生産性の向上を考えた規制を中心に考え，物質の循環，エネルギーの効率的利用および再生可能エネルギーの利用を論じた。近年環境問題の中で世界的に最も注目を集めている地球温暖化対策については，エネルギー生産性向上の面から当該章で取り上げた。第4章では，第1節（4.1）において，生体に直接影響を及ぼす有害物質について，急性的影響が問題となった過去の公害問題から何年も経過した後または経世代で発症するような慢性的な環境問題まで環境媒体ごとに影響と規制システムを論じ，問題物質が副次的に影響を及ぼすオゾン層の破壊問題，ならびに事故によって発生する汚染についても取り上げた。また第2節（4.2）においては，近年，有害物質対策として国際的に検討が進む関連情報の整備と公開について検討した。最終章である第5章では，今後の法律による政策策定，および未然防止対策について論じた。

　最後に，本書の出版にあたり大変お世話になった㈱法律文化社編集部長畑光氏に感謝する次第である。

　2019年9月

勝　田　　悟

目　次

〈判例出典名略称〉
民録：大審院民事判決録
民集：最高裁判所民事判例集
刑集：最高裁判所刑事判例集
判時：判例時報
訟月：訟務月報
判タ：判例タイムズ
下民：下級裁判所民事裁判例集

環境保護制度の基礎〔第4版〕

第1章
環境問題の種類と規制概要

1.1　環境問題の概要

1.1.1　環境汚染の性質 --

　環境問題は，身近なものから宇宙空間に及ぶものまで様々な規模のものがある。

　それぞれの環境問題は，規模および状況，状態に応じて，科学的性質が異なり，環境保護のための規制方法も異なる。また，環境汚染は，労働安全衛生および防災と密接に関連しており，企業における環境対策は，その延長線上に実施されていることが多い。近年，化学物質過敏症*1などが問題となっている室内環境汚染は，建築基準の面からも対処が行われている。汚染規模は，時代をおって空間的に拡大してきており，影響の発生も慢性的(長時間を要して発現するもの)なものが数多く確認されてきている。この背景には，工業化に関わる科学技術の発展と，環境分析技術(および医学的知識)の進展とが相乗効果（影響と検知）で進んだ結果がある。

　また，CSR（Corporate Social Responsibility：企業の社会的責任）の一環として，企業の環境保護への取り組みを進めており，その活動状況はSRI（Socially Responsible Investment：社会的責任投資）の評価の際にも強く影響を及ぼしている。ネガティブな面では，例えば土壌汚染が判明すると土地の価値が大きく低下し，原状回復には巨額の費用を要することが多い。このような汚染の測定技

表 1 - 1 - 1　代表的環境問題の規模別分類

規　模	環境問題項目	影　響
地球環境	地球温暖化 オゾン層の破壊 火山の噴火［*1］ 　（エアロゾルの放出） スペースデブリ	・海面上昇・熱帯性伝染病拡大，気候変動，海の酸性化（CO_2溶解），生態系の変化 ・紫外線の増加 ・日傘効果による地球冷却 ・原子炉搭載衛星の落下：放射能汚染等
広域環境	酸性雨，酸性霧：NO_x，SO_x 生物種の減少 有害物質の越境移動 海洋汚染［*2］ 森林伐採 砂漠化 原子力発電所の事故［*2］ 外来生物の侵入	・生態系，土壌の変化 ・生態系の破壊（遺伝的多様性の低下） ・有害物質汚染の拡散 ・有害物質の海洋汚染 ・自然災害の誘発，バイオマスの減少 ・土地生産力低下 　生態系の破壊 ・放射性物質汚染，生態系の変化
地域環境	光化学オキシダント 　（光化学スモッグ） 　　：HC，NOx ばいじん・排気微粒子 富栄養化 地下水汚染 　（塩素系溶剤，硝酸性窒素） 地盤沈下 土壌汚染 重金属汚染 廃棄物汚染 農薬汚染 事故	・オゾンなど生成物により呼吸器などに影響（酸化） ・呼吸器障害 ・海洋，湖沼生態系破壊 　悪臭，赤潮，青潮 ・飲料水汚染，農業用水汚染 ・生活インフラ破壊 ・農産物汚染（地下水汚染） ・食物連鎖汚染（生物濃縮） ・違法処理処分による環境汚染全般 ・生態系の破壊 ・有害物質の放出
生活環境	ダイオキシン類［*2］ 　（環境ホルモン［*2］） 騒音 悪臭 食品	・発ガン性等人体への有害性 ・不快，精神的影響 ・不快，有害性 ・アレルギー，病原体感染
室内環境	ラドンの吸引 アスベストの吸引 タバコの吸引 揮発性有機化合物（VOC）［*3］	・発ガン性等有害性 ・　　〃 ・　　〃 ・　　〃　　　　　，アレルギー
その他	景観 特定生物の保護（鯨，野鳥）	・精神的影響 ・野生生物への被害

［*1］　他の環境問題と異なり，人為的な影響ではない。
［*2］　生物濃縮食品への混入による被害の拡大のおそれがある。
［*3］　VOC：Volatile Organic Compounds（なお，ホルムアルデヒドのように極めて揮発性が高いものはVVOC：Very Volatile Organic Compoundsという）

術は飛躍的に向上してきており，化学物質を取り扱う事業所では厳密な管理が
必要となってきている。

　一方，日々進歩している科学技術の負の部分すなわち汚染を規制するには，
極めて広い視点で科学を理解する必要がある。さらに，法律で規制を作成する
には，将来の変化も予測しなければ合理的な対処は望めない。

　例えば，環境法の名称には，「等」が多用されており，極めて不明確な表現
となっている。その理由は，「環境分野の理解には，自然科学，社会科学，人
文科学の境界領域の極めて複雑な解析が伴うこと」から余裕を持った法適用範
囲としなければならないためである。同様に，指定化学物質と書かれた規定で
明示されている物質名にも，特定の化学物質を示しているものもあれば，「…
類」，「…とその化合物」，「…塩」と複数の化学物質の種類を含む集合体を表し
ている場合もある。明確に示すと物質数が極めて多くなること，および人工的
化合物などは現在なおその種類が増える可能性があり，全体を網羅することは
事実上不可能であるからと考えられる。米国化学会に登録されている化学物質
だけで，1億物質以上存在（2015年現在）する。そもそも環境測定では，重金
属などは汚染原因の化学物質をイオン化したり，燃焼させたりして定量分析[*2]が
行われており，化合物の種類の違いが測定には関連しなくなる場合がある。た
だし，有機化合物のように構造の違いが有害性に重要な要因になる場合は，化
合物ごとで定量分析が行われる。

　以下，**1.1.2～1.1.7**で，表1-1-1で示す環境問題の経緯・概要を述
べる。ただし，第**3**章以降（エネルギー・物質の効率向上，有害物質の拡散防止，
法政策に関するもの）で詳しく取り上げるものは除く。

1.1.2 労働環境 --

　労働現場における環境汚染による作業者の被害は，労働基準法第75条（療養
補償[*3]）によって，使用者（企業側）が補償することが定められている。また同
条2項で規定する業務上の疾病は，労働基準法施行規則第35条に示されてい
る。

　疾病のうち，有害物質による被害は，「化学物質等による疾病」，および「がん原性物質若しくはがん原性因子又はがん原性工程における業務による疾病」に詳しく述べられている。特に，「細菌，ウイルス等の病原体による疾病」で「5……疾病に付随する疾病その他細菌，ウイルス等の病原体にさらされる業務に起因することの明らかな疾病」が定められており，まだ環境法では明確化されていない項目である。病原体の環境汚染防止に関する環境規制制定が望まれる。[*4]

　また，同規則第36条に定める療養の範囲は，療養上相当と認められるものとされている。

　労働者の作業環境面に関しては，汚染被害の事後補償が充実している。法ではその費用負担が，使用者（企業）に義務づけられていることから，企業内では作業環境の保全を重視している。化学工業界におけるレスポンシブルケア活動が，当初は労働安全から始まり環境保全へと拡大したように，他業種でも同様な傾向がみられる。しかし，重要なステークホルダーである従業員が自社のCSRレポート（または統合報告書）の存在を知らないといった例もあり，労働現場での環境保全教育も再度見直す必要がある。

1.1.3　室内環境汚染 --

　欧米で問題となったMCS（Multiple Chemical Sensitivities）が，わが国では，化学物質過敏症（化学物質曝露アレルギー）として，社会問題化している。現在の一般生活では，膨大な種類の化学物質に曝露する機会が生じているため，身近な問題となっている。医学的なメカニズムは，不明確な部分が多く，具体的な対策がとりづらい。生体防御機能が高い人ほど症状が発現しやすいため，生体にとって非常に重要な免疫機能を低下させるなどの医学的対応をせざるをえない場合もある。米国環境保護庁（U. S. Environmental Protection Agency：以下，米国EPAとする）では，1987年にすでに室内環境汚染の原因物質の種類として数十物質を発表している。

　このほか，花粉症や金属アレルギーにおいても，微量のタンパク質や微量金属の生体への作用によって発生している。特に「花粉症」は，植物の花粉に加

えてディーゼル排気粒子（DEP：Diesel Exhaust Particles）が起因しているとの
研究発表もある。

　一方，室内環境での汚染については，以前より「シックハウスシンドローム
（シックハウス症候群）」という現象が発生している。曝露者の症状は，頭痛，め
まい，物忘れ，臭気異常等が認められている。原因は新建材に含まれる微量の
ホルムアルデヒド（VVOCと呼ばれる／VVOC：Very Volatile Organic Compounds）
やその他揮発性有機物質（VOC：Volatile Organic Compounds／キシレン，トルエ
ンなど）による複合毒性と考えられている。

　わが国では，シックハウス対策を目的として，2003年7月に建築基準法等の
一部を改正する法律が施行された（2002年7月公布）[*5]。関連の施行令（建築基準法
施行令第20条の4以下）も改正された。

　従来のシックハウス汚染では，健康被害と汚染物質の発生源である建築物と
の因果関係の証明はほぼ可能であったと考えられるが，施工主や施工業者の過
失を証明することは極めて困難であったと思われる。しかし，本基準法により
過失の証明が可能になり，汚染の防止が進められると考えられる。

1.1.4 自然災害 --

　火山の噴火で発生・放出されるエアロゾルは，成層圏に到達してしまい，浮
遊するエアロゾルは，日光を遮り日傘効果で気温を下げ[*6]，地球の冷却化を引き
起こす。一方，産業革命以後ここ100年の間に，地球温暖化が指数関数的に進
行している。国際的にコンセンサスが得られているこの主な原因は，産業など
から多量に二酸化炭素等地球温暖化原因物質が排出されることによって，大気
の物質バランスが漸次変化したことによる。

（1）　気象変動

　地球温暖化研究の展開は，19世紀はじめ（1827年）にフランスのフーリエ
（Fourier／数学者・物理学者：熱伝導論研究／フーリエ級数論創始）が，地球大気が
赤外線の一部を吸収し，地球を温暖化すると発表したことから始まっている。
その後，19世紀のおわりに，スウェーデンのアレニウス（Arrhenius／化学者・

天文学者：電離説）が，産業革命で工場から発生した二酸化炭素で大気中の成分
分布が変わり，温室効果ガスの比率が高まることによって地表面温度を上昇さ
せると仮説を立てている。

　近年の地球温暖化問題の発端となった現象研究は，フーリエの研究発表から
140年もたった1967年にMIT（マサチューセッツ工科大学）研究グループが二酸化
炭素増加による気候変動の可能性を懸念する研究結果を発表したものである。
国際連合がこの研究に関心を示し地球温暖化が世界的に注目をあびるように
なった。国際的検討は，1988年にカナダ・トロントにおいて開催された「変化
しつつある大気圏に関する国際会議」に始まる。そして，この会議を受けて，
世界気候機関（World Meteorological Organization：WMO）と国連環境計画（UNEP）
の指導のもとに，気候変動に関する政府間パネル（Intergovernmental Panel on
Climate Change：以下，IPCCとする）が設置され，国際的な科学研究が具体化した。

　IPCCでは，下部組織として作業部会が設けられ，世界中から約1000人にも
のぼる科学者，専門家が集められた。作業部会では，地球温暖化に関する最新
の自然科学的および社会科学的知見をまとめ，地球温暖化防止政策に科学的な
基礎の検討が行われている。

　1990年10月第一次報告（作業部会）では，1990年レベルに比較して2025年か
ら2050年の間で等価二酸化炭素の濃度が倍増することによる気候変動について
以下の点が確認されている。これ以降，世界的に気候変動に対する対応が進め
られている。

　①　この結果，地球の平均温度の上昇が1.5℃から 4 ～ 5 ℃の幅で生じる。
　②　この温度上昇は，地域によって異なった分布となり，主として，熱帯地
　　　方では地球平均の半分，極地方では地球平均の 2 倍の上昇である。
　③　温暖化による氷河の溶解等による海面の上昇は，2050年までに0.3～0.5
　　　m，2100年までに 1 mであり，0.2～2.5℃の海面温度の上昇を伴う。

　この後，1990年12月の第45回国際連合総会において，「気象変動枠組み条約
政府間交渉会議」が設置され，1991年 3 月から92年 5 月までに 5 回の会議が開
かれ，1992年 5 月に「気象変動に関する国際連合枠組み条約（UNFCCC）」が
締結された。この国際条約については，1992年 6 月のブラジルで開催された地

球サミットの際に調印式が行われ，155カ国の調印があった。

　また，2001年4月に発表されたIPCCの第三次報告書では，20世紀に地球の平均気温が約0.6℃，海面は0.1〜0.2m上昇したことが報告されている。2007年3月〜5月に報告された第四次報告書では，50年間に平均気温，海面水位，積雪面積が急激に変化していることが示されている。特に積雪面積は2000年前後から減少が著しい。2013年9月〜2014年10月にかけて報告された第五次報告書では，「気候システムの温暖化については疑う余地がない」と述べられ，二酸化炭素の累積排出量と世界平均地上気温の上昇量は，ほぼ比例関係にあることが示された。海洋の温暖化および海洋へのさらなる炭素蓄積による海洋酸性化の進行に対する懸念も発表された。また，2030年まで地球温暖化緩和の取り組みを遅延させると，長期的な低排出レベルへの移行が相当困難になり，産業革命前から気温上昇を2℃未満に抑え続けるための選択肢の幅が狭まるとしている。

　なお，当該作業部会は3つに分けられ検討されており，第一作業部会は気候システムおよび気候変化についての評価（科学的根拠）を実施している。第二作業部会は，生態系等自然科学，社会・経済等の各分野における影響および適応策についての評価（影響・適応・脆弱性）を行っている。第三作業部会は，温室効果ガス排出の抑制・削減のための政策や施策に関する評価（気候変動の緩和）の検討を行っている。第二，第三作業部会は，第二次報告から設立されている。

（2）　異常気象による被害

　世界気候機関（World Meteorological Organization ［WMO］）では，異常気象は，25年に1度発生する平均状態からはずれた状況と定義している。なお，わが国の気象庁は，現在より遡って30年間の状況を考慮して気温や雨量などの異常気象を定めている。

　エルニーニョ現象[*7]やラニーニャ現象[*8]（およびエンソ現象[*9]）の発生は大気の流れを変え，世界各地に異常な高温や低温，あるいは多雨や少雨など異常気象を引き起こす。エルニーニョが発生した1997年，2002年，2007年には，世界各地で

自然災害が多発している。過去の研究からエルニーニョの年には，地球的規模で気象は変化し自然災害が起きやすくなることが科学的に証明されている。近年の地球温暖化現象によりその災害が大規模となり，発生周期も不規則となっている。

　わが国は，河川の流速が他国と比べ著しく早いため，洪水等の災害が懸念される。地球温暖化のため異常気象が発生すると，その危険性は高くなることが予想され，注意を要する。

　河川の最大流量を最小流量で除した値を河状係数といい，河状係数が大きいほど河川が不安定であることが表される。次に示すように，世界の主要な河川の河状係数がほぼ100以下であるのに対し，わが国の主な河川の河状係数は200〜400で，筑後川は8000以上にもなる。

　筑後川：304〜8671，利根川：850〜1782，北上川：260，最上川：304〜423，木曽川：384，吉野川：224，阿武隈川：220

　ミシシッピー川(米国)：3，テームズ川(英国)：4〜8，セーヌ川(仏国)：34，ミズーリ川(米国)：75，ドナウ川(オーストリア)：4，ナイル川(エジプト)：8〜30，ライン川(スイス)：18　(ドイツ)：15

　わが国では，自然災害の再発防止に関して，災害対策基本法が定められており，災害の定義は，「暴風，竜巻，豪雨，豪雪，洪水，崖崩れ，土石流，高潮，地震，津波，噴火，地滑りその他の異常な自然現象又は大規模な火事若しくは爆発その他その及ぼす被害の程度においてこれらに類する政令で定める原因により生ずる被害をいう」(第2条1号)となっている。防災の定義は，「災害を未然に防止し，災害が発生した場合における被害の拡大を防ぎ，及び災害の復旧を図ることをいう」(第2条2号)と定められている。

　自然災害の再来期間を10年，50年，100年と想定するに従い，その規模は膨大となっていく。予想外の自然の変化が人間社会に与えられることによって，通常生活している状態からは想定できない被害を生じることがある。このような災害の確率が，地球温暖化によって高くなっていることが確認されている。さらに，土地整備などの開発は環境保全機能を低下させ，洪水など予想を上回る自然現象の発生をまねくことがある。自然災害のおそれがある地域は，土地

開発の進捗と地球温暖化（気候変動など）の進行で相乗的に拡大する傾向にある。災害対策基本法に基づく「防災」は，漸次難しいものとなってきている。

　他方，都市部の気温の上昇は，夜間および日中にみられ，大都市ほど著しい傾向がみられる。この現象は，ヒートアイランドといわれ，原因としては，冷房等空調等の排熱，人工構造物による蒸発熱の減少や地面の熱容量の増大などが考えられている。都市周辺の局所的な急激な気象の変化も今後の課題といえるだろう。また，天候デリバティブが，商品価値を得ていることからわかるように気象異常は身近な問題となりつつあるといえる。

　気象変化の事前の情報として，わが国の気象庁では，エルニーニョ監視予報センターを設け，データの収集・解析を行い，半年先までの見通しを含めた情報を定期的に発表している。異常気象に対する災害予測は，さらに具体的に検討していく必要があるだろう。

1.1.5 自然環境中放射性物質（電離放射線）の汚染 -------------

　弱い放射線を受けても生体への影響はすぐには現れないが，潜伏期（ある一定の期間を経た後症状が現れる）の後，ガンや白血病の発生，突然変異など遺伝的影響の発生など健康障害が発生する。放射線に被曝（照射を受けた）した場合，生体に生じた障害が回復することはなく蓄積する。長期間を要すると，生体に対して多くの環境要因による影響が考えられることとなり，放射線と健康障害の因果関係が不明確となってしまう。ただし，放射線被曝に対する生物（正確には細胞）への影響の受けやすさ（感受性）は，レベル差があり，細胞の種類によっても大きく異なる。[*10]人によっては，造血臓器，皮膚，生殖腺に早期に障害が現れる場合がある。

　微量放射線による一般環境（または自然環境）からのリスクは，自然界にも存在しており，宇宙線，カリウム40，ルビジウム87，および大地から発生する気体状のラドンが挙げられる。[*11]

　特にラドンおよびその娘核種は，国連科学委員会（UNSCEAR）の報告では自然放射線の57％に及ぶとされている。ラドン（^{222}Rn）は，ウランの原子核が崩壊してゆき，ラジウムのα崩壊の後，生成するもので，3.8235日のみ存在す

るものである。ラドンのみがリスクが高い理由は，常温で気体で存在するからである。ウランが原子崩壊した他の物質は，常温ですべて個体であるので，気体となって空気中に拡散したラドンが，ポロニウムに壊変後また個体となってしまう。人間の肺に入ったまま，個体に戻ると生体内の細胞に入り込み放射線を出し続けることになる。

　一般環境中でのラドンによる年平均被曝（世界平均自然放射線）は，国際的学術組織である国際放射線防護委員会（International Commission on Radiological Protection：ICRP）の勧告した一般環境中での放射線防護基準（一般公衆線量限度）の1ミリシーベルトとほぼ同じ値となっており，リスクが高いといえる。慢性的な障害は，一般の放射能によるものと同じ貧血，白血病，老化の促進，突然変異等があり，ラドン特有のものには肺ガンのおそれが指摘されている。一般環境中では，土地開発の際の地質や鉱物が配合された建材から発生するラドンに注意する必要がある。またラドンが発生する土地は，米国などでその価値の低下が起こっており，わが国でも同様なおそれは考えられる。

　わが国の放射性物質の環境への汚染防止は，当初は「環境基本法」第13条で「放射性物質による大気の汚染，水質の汚濁及び土壌の汚染の防止のための措置については，原子力基本法（昭和30年法律第186号）その他の関係法律で定めるところによる。」とされていたが，2011年3月に発生した東日本大震災による東京電力福島第一原子力発電所の事故を受けて2012年に公布された「原子力規制委員会設置法」の附則により，当該13条が削除された。具体的には，「平成二十三年三月十一日に発生した東北地方太平洋沖地震に伴う原子力発電所の事故により放出された放射性物質による環境の汚染への対処に関する特別措置法」や「特定放射性廃棄物の最終処分に関する法律」，「放射性同位元素等による放射線障害の防止に関する法律」等関連法で対処することとなる。しかし，未だ「廃棄物の処理及び清掃に関する法律」第2条1項の廃棄物の定義で「放射性物質及びこれによつて汚染された物を除く。」とされており，その他大気汚染防止法，水質汚濁防止法等環境法に新たな規制を定めることが必要である。

　食品に含まれる放射性物質は，「原子力災害対策特別措置法」第20条2項に

基づき地方公共団体が測定し，厚生労働省が公表している。2012年から「食品衛生法」第11条第1項に「規格基準」が設けられ，政府が定めた含有基準値を上回った食品は出荷制限（2012年から施行）となっている。また，著しく高濃度の放射性物質が検出された場合，「出荷制限」に加えて自家栽培された農作物などを食べることも控えるよう「摂取制限」も行われている。この基準は，FAO（Food and Agriculture Organization of the United Nations：国連食糧農業機関）とWHO（World Health Organization：世界保健機構）によって定められた指標に基づいている。基準値の単位は，Bq/kg（ベクレル/キログラム）が使われ，放射性物質が放射線を出す強さ（放射能）が使われている。ただし，放射線による人体への影響は，Sv（シーベルト）という単位で表され，ベクレルとは異なる。

　労働環境については，以前より労働安全衛生法および施行令に基づく「電離放射線障害防止規則」で労働者の安全確保の観点から規制されている。当該規則第2条1項で定義されている電離放射線とは①アルファ線，重陽子線および陽子線，②ベータ線および電子線，③中性子線，④ガンマ線およびエックス線となっており，特に第46条から第52条の4の5にエックス線取扱い作業およびガンマ線透過写真撮影に関して安全確保のための作業主任者資格関連事項が定められている。

　なお，強い放射能による汚染が問題となる原子力発電関連に関しては，第**4**章**4.1.5**で取り上げる。

1.1.6 食　品

（1）　HACCP（ハサップ）

　極めて病原性が高い感染性大腸菌O-157は，土壌など自然環境中にも存在している場合があり，解放系での注意を必要としている。特に，食品への感染（汚染）に関しては，食料品の製造物責任が問題となっている。その後も，ウイルス（トリインフルエンザなど），プリオン（狂牛病など）など従来の病原菌とは異なる形態を持つ病原体が社会的に問題になっている。このような背景に基づき2003年に「食品安全基本法」が制定され，食品の安全管理についての基本となる法律が定められた。この法律に従い，内閣府に食品の健康影響評価を行

う食品安全委員会が設置され，厚生労働省，農林水産省に対して，食品の安全
確保に関する施策などについて勧告が行われるようになった。

　食品の安全管理方式としては，HACCP（Hazard Analysis Critical Control Point
System：危害分析・重要管理点）と呼ばれる手法が，1989年に米国食品微生物基
準諮問委員会によって開発されている。この安全方式は，1993年にFAO／
WHOによって，「Guideline for the Application of the HACCP」が発表された
ことにより国際的に広まった。

　HACCP手法は，原料の入荷から製造・出荷までの工程で危害を予測し，そ
の危害を防止するための重要管理点を抽出し，そのポイントを継続的に監視・
記録し，異常が認められた場合即時対策を実施するシステムである。

　FAO／WHOのガイドラインに述べられているHACCPの「7つの原則」は
以下の通りである。

　原則1：原材料から消費のすべての段階で発生する危害を明確化する。
　　　　　それぞれの危害の発生の可能性を評価し，管理のための防除の手段
　　　　　を示す。

　原則2：危害を排除，または発生の可能性を最小限に抑えるために，重点管
　　　　　理点を定義する。

　原則3：危険度の限界基準を設定する。

　原則4：予定されたテストまたは観察に基づいて，重要管理点の管理状況を
　　　　　監視するシステムを確立する。

　原則5：重要管理点が管理から外れていることを監視システムで確認したと
　　　　　きに，正しい行動をとれるようにする。

　原則6：HACCPシステムが正常に機能していることを確認するための補足
　　　　　試験や手続を含む検証手続を確立する。

　原則7：これら原則およびその適用に関するすべての手続，記録を文書化す
　　　　　る。

　この安全管理手法は，2003年に改正された食品衛生法（第7条の3）で強化
され，総合衛生管理製造過程（製造または加工の方法およびその衛生管理の方法に
つき食品衛生上の危害の発生を防止するための措置が総合的に講じられた製造または加

工の過程をいう）の承認制度が更新制となり，HACCP承認施設であっても特に衛生上の考慮を必要とする食品等（乳製品など）の製造・加工を行う営業者については食品衛生管理者を置かなければならないこととなった。なお，総合衛生管理製造過程（HACCP）承認施設は，2014年9月現在で752施設である。

図1-1-1　HACCP表示の例（台湾）

　また，当該承認の対象となる食品の種類は，次の通りである（法施行令［2003年8月改正］第1条）。

① 牛乳，山羊乳，脱脂乳および加工乳

② クリーム，アイスクリーム，無糖練乳，無糖脱脂練乳，発酵乳，乳酸菌飲料および乳飲料

③ 清涼飲料水

④ 食肉製品（ハム，ソーセージ，ベーコンその他これらに類するもの）

⑤ 魚肉練り製品（魚肉ハム，魚肉ソーセージ，鯨肉ベーコンその他これらに類するものを含む）

⑥ 容器包装詰加圧加熱殺菌食品（食品であって，気密性のある容器包装に入れ，密封した後，加圧加熱殺菌したものをいう）

　わが国では，HACCP管理を普及させるために「食品の製造過程の管理の高度化に関する臨時措置法」（HACCP手法支援法）が，1998年7月に5年の時限立法として施行され，その後，複数の改正がなされている。食品メーカーは，指定認定機関（事業者団体）が定めた高度化基準に則って高度化計画を作成し，当該認定機関にそれが認定されれば，金融や税制措置が受けられる。

　その後，HACCPの管理手法に基づいて国際標準化機構（ISO）が，国際的な食品衛生管理システムを規格化している。この規格はサプライチェーンを対象とした幅広い規制内容となっている。他方，AIB（American Institute of Baking：米国製パン協会）が製造現場における基本的な「適正製造基準」を規定した「AIBフードセーフティ」も作成され，複数の食品業界の現場衛生管理に用いられて

いる。

（2）　遺伝子組換え食品の表示義務

　遺伝子操作を用い病害虫に強い遺伝子組換え農作物が実用化され，一部はすでに市場化され普及している。遺伝子組換え食品は，自然に存在しなかった遺伝子配列の植物から収穫されるため，その安全性が問われている。特に人間が摂取した場合のアレルギーによる毒性が問題となっている。

　「生物多様性条約」第19条3の規定では「締約国は，バイオテクノロジーにより改変された生物（Living Modified Organism：以下，LMOとする）[*12]であって，生物の多様性の保全及び持続可能な利用に悪影響を及ぼす可能性のあるものについて，その安全な移送，取扱い及び利用の分野における適当な手続（特に事前の情報に基づく合意についての規定を含むもの）を定める議定書の必要性及び態様について検討する。」と定められており，これに基づき，2003年9月に「バイオセーフティに関するカルタヘナ議定書（cartagena protocol on biosafety）」（以下，カルタヘナ議定書とする）が発効している。当該議定書第4条では「この議定書は，生物の多様性の保全及び持続可能な利用に悪影響を及ぼす可能性のあるすべてのLMOの国境を越える移動，通過，取扱い及び利用について適用する。」となっており，厳しい規制となっている。

　わが国の遺伝子組換え食品に関しては，「食品衛生法」，および「農林物資の規格化及び品質表示の適正化に関する法律（JAS法）」によって，2001年4月から遺伝子組換え食品または含有食品について表示が義務づけられている。食品衛生法における表示義務規定の例を次に示す（原料名の部分は，大豆の場合）。

　①　分別された遺伝子組換え食品の場合

　　原材料名　　　大豆（遺伝子組換え）

　②　遺伝子組換え食品および非遺伝子組換え食品が分別されていない場合

　　原材料名　　　大豆（遺伝子組換え不分別）

　（参考）　分別された非遺伝子組換え食品の場合

　　［任意表示］原材料名　　　大豆（遺伝子組換えでない）

　また，遺伝子組換え食品で表示義務がないものは次のような規定となってい

る。家庭で使用されている調味料など多くのものがすでに一般的に使用されている。

① 加工食品など組換え遺伝子やその産物が検出できないもの

　・菜種油，醬油，大豆油，コーン油，コーンフレーク

② 原材料の5％以下で，構成成分として上位3位以内に入らないもの

　しかし，表示されたからといって，アレルギー等有害性が回避されたわけではなく，消費者の選択が可能になっただけである。すなわち，消費者が自らアレルギーを発症するかどうかを知らなければ安全を確保できない。遺伝子組換え食品の安全性は技術的に解明されておらず，あくまで過渡的な対処としかいわざるをえない。

　一方，次に示す食品には，遺伝子操作しなくてもアレルギーを発症する性質がある。したがって，遺伝子組換え食品特有のアレルギーのメカニズムが解明されなければ，特定した対処は望めない。

　あわび，イカ，いくら，エビ，オレンジ，カニ，キウイフルーツ，牛肉，牛乳，くるみ，小麦，さば，そば，大豆，卵，チーズ，鶏肉，ピーナッツ，豚肉，まつたけ，リンゴなど。

1.1.7 宇宙空間 --

　一方，宇宙からは，高いエネルギーを持っている放射線である宇宙線（主な成分は陽子）が地球に降り注いでいる[*13]。地球の磁場がバリヤとなり宇宙線からの影響を防止している。これら帯電した粒子は地球周辺で地球磁場を急激に変化させ，オーロラや磁気嵐など複雑な電磁気現象を発生させている。

　他方，宇宙からのリスクとして，宇宙開発から新たに生じたものもある。人類が打ち上げた人工衛星の破片（スペースデブリ［space debris］）が，地球の周りに飛び散ったまま低軌道を回転しており（直径10cm以上：2万1000個，1〜10cm：推定約50万個，1cm以下：推定約数千万個以上［2014年現在］），原子力電池搭載衛星がこのスペースデブリと衝突して落下すると，地上では大きな災害となる。

　宇宙空間に関しては，1967年に国際連合の宇宙平和利用委員会が作成した「宇

宙条約（月その他天体を含む宇宙空間の探査及び利用における国家活動を律する原則に関する条約）」が発効されている。わが国は，1967年1月に署名し，10月に内閣決定，批准寄託している。この条約第1条には，「月その他の天体を含む宇宙空間の探査及び利用は，すべての国の利益のために，その経済的又は科学的発展の程度にかかわりなく行なわれるものであり，全人類に認められる活動分野である。月その他の天体を含む宇宙空間は，すべての国がいかなる種類の差別もなく，平等の基礎に立ち，かつ，国際法に従つて，自由に探査し及び利用することができるものとし，また，天体のすべての地域への立入りは，自由である。月その他の天体を含む宇宙空間における科学的調査は，自由であり，また，諸国は，この調査における国際協力を容易にし，かつ，奨励するものとする。」と定められており，宇宙空間への開発の自由が確認されている。

　しかし，上記のように，宇宙空間の利用の際に，汚染等何らかの損害が発生することも考えられる。この点については，当該条約第7条に「条約の当事国は，月その他の天体を含む宇宙空間に物体を発射し若しくは発射させる場合又はその領域若しくは施設から物体が発射される場合には，その物体又はその構成部分が地球上，大気空間又は月その他の天体を含む宇宙空間において条約の他の当事国又はその自然人若しくは法人に与える損害について国際的に責任を有する。」と規定されている。1972年には，「宇宙物体損害責任条約（宇宙物体により引き起こされる損害についての国際的責任に関する条約）」も発効しており，さらに詳細な損害賠償が国際的責任と位置づけられている。

　したがって，衛星やロケット，スペースシャトル，および廃棄または故障などで宇宙空間や軌道を飛び回っているゴミ，いわゆるスペースデブリが地球上に何らかの汚染を発生させると，他の環境汚染・破壊と同じこととなり，前記のように損害賠償も国際条約で定められている。旧ソ連の軍事衛星などは原子炉が搭載されていることがあり，いずれは動力エネルギーまたはコントロールを失い，宇宙ゴミとなる。特に軍事的目的のものは，周回等に関する情報が少なく，民間の衛星が増加すると衝突の危険も高まる。また，近年膨大に増加した携帯電話など通信機器は，通信衛星を利用しており，比較的低軌道を周回している。低軌道の衛星は，エネルギー消費が大きいため墜落することも多く，

通信衛星に搭載される先端機器には微量有害物質が複数含まれている。宇宙空間にも潜在的な汚染リスクは存在しているといえるだろう。

宇宙条約第6条では，「条約の当事国は，月その他の天体を含む宇宙空間における自国の活動について，それが政府機関によつて行われるか非政府団体によつて行われるかを問わず，国際的責任を有し，……」と定められており，政府以外の責任も規定している。

今後，民間衛星によるGIS（Geographical Information System）や衛星によるリモートセンシング情報などの利用が活発化し，宇宙開発が進むとさらに詳細な国際的なコンセンサスが必要となるだろう。

既に1998年11月から米国，ロシア，日本，カナダ，欧州宇宙機関（European Space Agency：ESA）が共同で，国際宇宙ステーション（International Space Station：ISS［有人施設］）を地球軌道上において組み立てを開始している。宇宙観測や宇宙の特殊な環境を利用した研究が行われ宇宙空間の平和利用が進められている。しかし，米国トランプ政権は，2018年8月制定・施行の「国防権限法（National Defense Authorization Act：NDAA）」に基づき，他国の宇宙空間の軍事利用に対抗して宇宙軍（統合軍）の創設を指示している。しかし，宇宙条約第4条に規定されている「条約の当事国は，核兵器及び他の種類の大量破壊兵器を運ぶ物体を地球の軌道に乗せないこと，これらの兵器を天体に設置しないこと並びに他のいかなる方法によってもこれらの兵器を宇宙空間に配置しないことを約束する。月その他の天体は，もっぱら平和的目的のために，条約のすべての当事国によって利用されるものとする。天体上においては，軍事基地，軍事施設及び防備施設の設置，あらゆる型の兵器の実験並びに軍事演習の実施は，禁止する。……」に明らかに違反している。戦争は，最も悪質な環境破壊・汚染である。

【注】
＊1：化学物質過敏症　　環境中の極めて微量な化学物質に生体が反応して，頭痛，目や喉の痛み，下痢，悪心など健康障害が発生する疾病のこと。
＊2：定量分析　　分析の対象となっている化学物質の量や濃度を測定することを定量分析という。また，化学物質の種類を測定する場合は，定性分析という。定量分析の精度

は，近年非常に向上しており，環境汚染の現状把握は，極めて高度化している。定性分析は，高度な技術を必要としており，含有物質が不明な検体（分析の対象となるもの）の構成成分をすべて把握することは困難な場合が多い。

＊3：労働基準法第75条（療養補償）条文　「労働者が業務上負傷し，又は疾病にかかつた場合においては，使用者は，その費用で必要な療養を行い，又は必要な療養の費用を負担しなければならない。」

＊4：病原体　人や動物に感染して病気を発生させる細菌，真菌類，ウイルス，リケッチア，クラミジア，原虫類などのことをいう。

＊5：第28条（居室の採光及び換気）2項　「居室には換気のための窓その他の開口部を設け，その換気に有効な部分の面積は，その居室の床面積に対して，二十分の一以上としなければならない。ただし，政令で定める技術的基準に従つて換気設備を設けた場合においては，この限りでない。」

＊6：日傘効果による地球の冷却化　1991年6月に噴火したフィリピンのピナツボ火山は，亜硫酸ガスを成層圏に吹き上げ，硫酸塩のエアロゾルを地球に覆わせた。世界各国で，この日傘効果による日射量の減少が観測され，わが国では1992年2月の日射量は18％も減少した。1992年の世界平均地上気温は，最大約0.5℃低下した。

＊7：エルニーニョ現象　ペルー沖で毎年クリスマスの頃になると局所的な水温の上昇現象が起こることが多く，数年に一度発生する大規模な現象をエルニーニョ現象という。統計的には，エルニーニョの発生した年の日本の冬は暖冬に，夏は冷夏になる傾向がみられる。20世紀最大規模のエルニーニョ現象は1997年春〜98年夏に発生（異常気象発生時期）している。

＊8：ラニーニャ現象　エルニーニョ現象とは反対に，太平洋西部赤道域の海水温が平年より低くなる（0.5℃以上降下した場合）現象をいう。

＊9：エンソ現象　低緯度地方の年平均の地上気圧の分布にみられる数年周期の振動を南方振動（ウォーカー循環）といい，赤道を東西方向に吹く風の循環（東西循環）の変動と関係がある。南方振動の変動とエルニーニョの変動が対応していることがわかり，エルニーニョと南方振動は合わせてエンソ（ENSO）と呼ばれる。

＊10：放射線被曝による細胞への影響　放射線被曝による感受性は，若い（新しい）細胞ほど高く，成熟した細胞ほど低いことが知られている。ベルゴニ・トリボンドの法則として次の細胞が感受性が高いことが示されている。

　i）細胞分裂の数が大きいもの（未分裂のもの），ii）細胞分裂の頻度が高いもの，iii）形態および機能が未分化のもの。

＊11：ラドン　ラドン（Rn）は，下記の α 崩壊および β 崩壊を繰り返し（ラドン原子核の崩壊），最終的には安定な鉛となる。状態はRnのみ気体で他は個体である。

$^{238}U \rightarrow \| \rightarrow \ ^{226}Ra$　α 崩壊→　^{222}Rn　α 崩壊（99.98％）→　^{218}Po　β 崩壊（0.02％）$\| \rightarrow \ ^{206}Pb$

ウランの天然同位体と存在比は，^{234}U（ウラン234：0.005％），^{235}U（ウラン235：0.72％），^{238}U（ウラン238：99.275％）である。また，質量数227から240まで12種の人工同位体が存在する。

　原子番号は86で，融点-71℃，沸点-62℃，気体の密度9.73 g／l （0℃，1気圧）で，常温では気体である。

＊12：LMO　　カルタヘナ議定書第3条(g)で「現代のバイオテクノロジーの利用によって得られる遺伝素材の新たな組合せを有する生物をいう。」と定められており，「現代のバイオテクノロジー」とは，第3条(i)で「自然界における生理学上の生殖又は組換えの障壁を克服する技術であって伝統的な育種及び選抜において用いられないもの」と定められ，次のものに適用するとしている。

①生体外における核酸加工の技術（組換えデオキシリボ核酸（組換えDNA）の技術及び細胞又は細胞小器官に核酸を直接注入することを含む。）

②異なる分類学上の科に属する生物の「細胞の融合」とされている。したがって，実験指針や工業化指針等で取り扱っていなかった「細胞融合」が本規定では対象になっている。

＊13：宇宙線　　宇宙空間を飛び交っている高エネルギーの粒子で，密度は1㎡あたり1秒間に10個程度通過する。エネルギーの大半は，1 GeV程度である。最高のエネルギーは，10^{12}GeV（10^{21}eV）以上ある。

1.2 国 内 法

1.2.1 環境基本法と環境法 ---------------------------------------

（1）　環境基本法の成立

　わが国の環境法について国の政策の基本的な方向を示す「環境基本法」（以下，基本法とする）は，1993年11月に制定されている。この基本法は，公害対策における基本的な役割を果たしていた「公害対策基本法」（1967年制定）を発展的に受け継ぎ，新たに自然環境保護および地球環境保全の視点も含んだ広範囲な環境保全を対象としている。

　また，地域汚染から地球的規模の汚染までを含んだ環境保全の概念を，統一的，普遍的に定めることは極めて困難である。基本法では，環境保全の目的（第1条）として「国，地方公共団体，事業者及び国民の責務を明らかにするとともに，環境の保全に関する施策の基本となる事項を定めることにより，環境

の保全に関する施策を総合的かつ計画的に推進し，もって現在及び将来の国民の健康で文化的な生活の確保に寄与するとともに人類の福祉に貢献すること」と包括的に定めている。

基本理念には，次の3項目が述べられている。

① 環境の恵沢の享受と継承等（第3条）

良好な環境を享受することについては，従来から提唱・議論されてきた「環境権」の制定が望まれたが，権利内容が不明確であることなどから明文化されなかった。

本条文の内容は，1970年に開催された国際社会科学評議会「公害に関する国際シンポジウム」で採択された「東京宣言」の中に示されている「健康や福祉を侵す要因に災いされない環境を享受する権利」と「現在の世代が将来の世代に残すべき遺産である自然美を含めた自然資源にあずかる権利」が抽象的に表現されている。これら権利は，「環境権」としてその存在が議論されるきっかけとなったものであるが，今後もさらに展開されていくと思われる。

② 環境への負荷の少ない持続的発展が可能な社会の構築等（第4条）

本条文では，「環境負荷が少ない健全な経済の発展を図りながら持続的に発展することができる社会」，「環境保全上の支障の未然防止」の必要性が謳われている。特に持続可能な発展については，1987年のブルントラント報告で国際的にその概念が広められ，1992年の国連環境と開発に関する会議でテーマとなったものである。

③ 国際的協調による地球環境保全の積極的推進（第5条）

人類共通の課題として地球環境保全の積極的推進を図ることが示されている。

（2）　環境基準

基本法第16条では，「政府は，大気の汚染，水質の汚濁，土壌の汚染及び騒音に係る環境上の条件について，それぞれ，人の健康を保護し，及び生活環境を保全する上で維持されることが望ましい基準を定めるもの」とされ，次に示す環境基準が告示されている（2019年9月現在）。

① 「大気の汚染に係る環境基準」（昭和48年5月8日環境庁告示第25号）

② 「二酸化窒素に係る環境基準」（昭和53年7月11日環境庁告示第38号）

③ 「微小粒子状物質による大気の汚染に係る環境基準について」（平成21年9月9日環境省告示第33号）

④ 「ベンゼン等による大気の汚染に係る環境基準」（平成9年2月4日環境庁告示第4号）

　　半導体工場，部品洗浄やクリーニング業等で使用されていた塩素系有機溶剤（トリクロロエチレン，テトラクロロエチレン，ベンゼン等）に関して定められ，2001年4月20日に，ジクロロメタンが追加された。

⑤ 「公共用水域の水質汚濁に係る環境基準」（昭和46年12月28日環境庁告示第59号）

　　1993年3月8日に，ジクロロメタン等の15物質，1999年2月22日に硝酸性窒素及び亜硝酸性窒素，ふっ素およびほう素，2009年11月30日に1,4-ジオキサンが追加された。

⑥ 「地下水の水質汚濁に係る環境基準」（平成9年3月13日環境庁告示第10号）

　　1999年2月22日に硝酸性窒素および亜硝酸性窒素，ふっ素およびほう素，2009年11月30日に塩化ビニルモノマー，1,4-ジオキサンが追加された。

⑦ 「騒音に係る環境基準」（平成10年9月30日環境庁告示第64号）

⑧ 「航空機騒音に係る環境基準」（昭和48年12月27日環境庁告示第154号）

⑨ 「新幹線鉄道騒音に係る環境基準」（昭和50年7月29日環境庁告示第46号）

⑩ 「土壌の汚染に係る環境基準」（平成3年8月23日環境庁告示第46号）

　　1994年2月21日に，ジクロロメタン等の15物質が追加された。

⑪ 「ダイオキシン類による大気の汚染，水質の汚濁（水底の底質の汚染を含む。）及び土壌の汚染に係る環境基準について」（平成11年12月27日環境庁告示第68号）

　　2002年7月22日に水底の底質が追加された。

　環境基準の法的効力は，「行政の努力目標の指標で，直接国民の権利義務を定める法規としての性格を持つものではない」という学説が有力である。その根拠の1つとして，環境行政の目標とするには，国会での承認が必要である

が，基準値は中央環境審議会で審議され，告示されるもので，国会での審議はなされていないことが挙げられる。

　二酸化窒素の環境基準を緩和する環境庁告示の取消しを求めた行政訴訟（二酸化窒素環境基準告示取消請求事件—環境基準（告示）の処分性：東京高判昭和62年12月24日・判タ668号140頁）判決では，「環境基準の告示は，現行法制上，政府が公害対策を推進していくうえでの政策上の達成目標ないし指針を一般的抽象的に定立する行為であって，直接に，国民の権利義務・法的地位・法的利益につき創設・変更・消滅等の法的効果を有するものではない」と，明確に法的効力を否定している。しかし，当該判決における環境基準は「努力目標の指標」ではなく，「政策上の目標達成ないし指針」と表現されており，技術的背景を持ったものと判断していると考えられる。したがって，目標を達成することが重要であって，基準値の作成の際に十分に事前調査することが必要である。ゆえに，一度決めた基準値を緩くするには，さらに高度な技術的背景を持つべきである。

　ただし，二酸化窒素に関する大気汚染に関しては，基準値をクリアしている地点が少なく，汚染悪化が問題となっている。わが国では，自動車保有台数が8053万台（2014年6月現在）を超え，トラック輸送が急激に増加したことが，二酸化窒素による汚染を促進させた。これに対処するため，2001年に既存自動車NOx法を，「自動車から排出される窒素酸化物及び粒子状物質の特定地域における総量の削減等に関する特別措置法（自動車NOx・PM法）」に改正強化している。すなわち，当初の政策判断が間違っていたといわざるをえない。

（3）　経済的な措置

　地球温暖化原因物質である二酸化炭素の発生源は，極めて多種多様に及んでおり，濃度規制や総量規制などでは対処が難しい。このほか，一般廃棄物やイオウ酸化物の排出なども同様である。このような場合，経済的な誘導を伴う規制が期待される。基本法では，第22条に「環境の保全上の支障を防止するための経済的措置」を取り上げており，「……環境の保全上の支障を防止するため，その負荷活動を行う者にその者の経済的な状況等を勘案しつつ必要かつ適正な

経済的な助成を行うために必要な措置を講ずるように努める」と定められている。

なお，経済的誘導政策については，第**5**章**5.1**で論ずる。

1.2.2 法のしくみ --

環境保全制度は，法律，条例，産業界の自主規制，および国際条約など様々な規制があり，それぞれの機能と特色を持っている。これらの関係を図1-2-1に示す。

法律は，国会の議決により制定され，内閣がその法律に関する政令を決定し，その細則について，所管の省庁で，省令，施行規則を定める。法令とは，一般的に法律や行政機関が制定する命令をいう。

制定とは，国会の議決により法律が確定することをいい，法令の規定につい

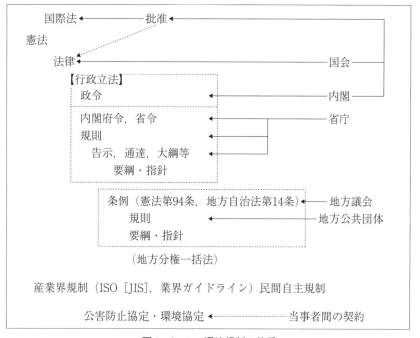

図1-2-1　環境規制の体系

て効力を発生させることを施行（‘しこう’または‘せこう’と呼ぶ）という。法令は，公布日から20日を経て施行されるのが原則だが，「附則」部分で，施行期日を別途定められることも多い。公布とは，一般公衆が成立した法令を知りうる状態になることをいい，通常，官報によって公表される。国際条約の場合は，各国での状況が異なることもあり，効力が発生することは「発効」と表現される。

　また，法令以外にも，行政機関が独自に公表する要綱，指針なども，社会的な秩序を形成する上で重要な規制である。法令のような強制力はないが，わが国では法令に近い効力を持っていると考えられる。その他，産業界が自主的に実施する規制なども，社会的な秩序を形成する上で非常に有効に機能している。

【注】
＊1：定立する　　ある判断を導き出すための論理を展開する上で，その前提としてある命題を定めること。

1.3 条　　例

1.3.1 概　　要--

「条例」は，既存環境法に基づいて地域性を考慮して制定されている。

　地方自治体による環境規制には住民参加が強く要請されるため，条例の中には環境規制を住民監視のもとにできるよう配慮されているものもある。しかしその範囲は，憲法第94条では「法律の範囲内」，地方自治法第14条1項では「法令に違反しない限りにおいて」制定することができるとなっている。

> **憲法第94条**（地方公共団体の権能）
> 　地方公共団体は，その財産を管理し，事務を処理し，及び行政を執行する権能を有し，法律の範囲内で条例を制定することができる。

> **地方自治法第14条**（条例）
> 　普通地方公共団体は，法令に違反しない限りにおいて第二条第二項の事務に関し，条例を制定することができる。
> (2) 普通地方公共団体は，義務を課し，又は権利を制限するには，法令に特別の定めがある場合を除くほか，条例によらなければならない。
> (3) 普通地方公共団体は，法令に特別の定めがあるものを除くほか，その条例中に，条例に違反した者に対し，二年以下の懲役若しくは禁錮，百万円以下の罰金，拘留，科料若しくは没収の刑又は五万円以下の過料を科する旨の規定を設けることができる。

　両者の規定の表現は，微妙に異なっているが，条例によって新たに基準を設定するにあたっても技術的根拠を十分満たしていることが必要である。したがって，条例で取り締まることができる範囲は限られている。

　ただし，環境法規の中には，排出基準の許容濃度を厳しくできる上乗せ基準，および新たな規制対象を増やすことができる横出し規制を許しているものがある。上乗せ基準は，水質汚濁防止法第3条3項，大気汚染防止法第4条1項で「政令で定める許容限度よりきびしい許容限度を定める排出基準を定めることができる」となっており，横出し規制は，水質汚濁防止法第29条，大気汚染防止法第32条，騒音規制法第27条，振動規制法第24条，悪臭防止法第19条で，「必要な規制を定めることを妨げるものではない」となっている。

　なお，条例を制定する際には，地方議会の議決が必要であるため，さらに地域性が高いまたは早急な対応が必要とされる際には，必要な項目に限定して行政より要綱などガイドラインとして公表される場合もある。

1.3.2 制定の状況

（1）概　要

環境基本法の前身である「公害対策基本法（昭和42年制定）」に基づく公害防

止条例（地方自治体により名称に若干の違いがある）は全県で制定されている。

　全国の市町村（1724件［2019年9月現在］）でも半数以上の自治体で環境保護に関した条例が制定されている。また，市町村では，都道府県で制定した自然環境条例や環境影響評価に関して，特別に手引書などを作成して啓発に努めているところが多い。

　最も基本的な環境保全に関連した条例として公害防止条例が挙げられる。1949年（昭和24年）の「東京都工場公害防止条例」，1950年（昭和25年）の「大阪府事業場公害防止条例」に始まり，「公害対策基本法」が制定された1967年（昭和42年）には18都道府県で制定され，1971年（昭和46年）には全都道府県で制定されている。その後，社会情勢等に則して，改訂が進められている。

　その他，「自然環境保護法」「自然公園法」に基づく「自然環境保全条例」（ほぼ全自治体で制定されている），「自然公園条例」，「野生動植物の保護のための条例」や「都市計画法」に基づく「風致地区の建築物等に関する条例」，「浄化槽法」に基づく「浄化槽保守点検業者の登録制度に関する条例」等が多くの地方自治体で制定されている。近年では，ビオトープ[*1]の普及などの影響を受け「緑化の推進に関する条例」，「景観条例」，「空き缶等ごみ散乱防止条例」，「たばこのポイ捨て防止条例」等が制定されている。景観に関しては景観法が制定されたが，たばこのポイ捨てのように「割れ窓理論」を応用するような一般化している身近な廃棄物対策に関しても，法律による対策が必要になってきていると考えられる。

　1993年7月に制定された神奈川県秦野市の「地下水汚染の防止及び浄化に関する条例」（秦野市条例第17号）では，それまでわが国には法律としての規制がなかった「事業所内の物質に関した報告義務」や「汚染地の浄化」など米国のスーパーファンド法に近い規定がなされたが，罰則に関して遡及効果が外されるなど法律との整合性が問題となった。

（2）　環境アセスメント

　1976年に川崎市でわが国最初の環境影響評価条例が制定され，その後多くの自治体で作成され，1993年末までに39自治体で条例または要綱が制定されてい

る。法制化は1983年に法案が審議未了となり，その後1984年閣議決定された「環境影響評価の実施について」に基づき「環境影響評価実施要綱」が定められた。この要綱では，国が実施または免許等で関与するもので道路，ダム，鉄道，飛行場，埋め立て，干拓および土地区画整理事業等の面的大規模開発について環境影響評価が実施された。1993年の環境基本法制定時にも法制化の明示に対して事業官庁および産業界等の猛烈な反対があり，第20条に「必要な措置を講じるものとする」との程度の表現にとどまった。

その後，非常に多くの議論を経て，1997年6月に「環境影響評価法」が制定され，国として統一した制度ができた。

1.3.3 地方分権一括法 ---

わが国では，中央に集中している権限を地方へ移譲するための地方分権が進められている。その具体的な法律として，「地方分権の推進を図るための関係法律の整備等に関する法律」（地方分権一括法）が1999年7月に成立し，2000年4月に施行されている。

環境分野に関連したもので国から都道府県へ委譲された権限には，①4 ha[*2]以下（現行2 ha以下）の農地転用の許可権限，②保安林指定・解除等の権限（国有林等を除く）がある。また，都道府県から指定都市へ委譲したものには，①都市計画決定権限（市街化区域と市街化調整区域に関する都市計画等を除く），都道府県から人口20万人以上の特例市へ委譲したものには，①開発行為の許可権限，②騒音，悪臭，振動に関する規制基準の設定，③水質汚濁防止に関する特定施設設置者の届出受理，計画変更命令等の権限がある。

【注】
＊1：ビオトープ　ドイツで考えられたもので，Bios（生物）とTops（場所）を合成したドイツ語である。一般的には，特定の生物群集が生存できるような特定の環境条件を備えた均質なある限られた地域とされる。わが国では，緑化，ヒートアイランドの解決，屋上緑化，自然教育等活動などと複合した形で進められている。
＊2：ha（ヘクタール）　1辺が100mの正方形の面積で，1 ha＝100 a（約3025坪）。

1.4 国 際 法

　環境問題は，空間的に様々な規模で発生しており，地球的規模で発生しているものも顕在化している。地球温暖化やオゾン層の破壊などの現象は，すでに世界各地で気象変動や紫外線増加など被害を発生させており，国際的な共通の課題であるとのコンセンサスが成形されつつある。また，生物資源の保存（生物多様性）や資源の有効利用の促進なども，人類の生存にとって不可欠であるとの認識が高まっている。これら地球的規模の対策には，国家間の合意が必要とされ，国際社会全般の法秩序として国際環境法が形成されつつある。

　しかし，地球環境の破壊による自然の変化（異常気象等）は，地理的条件によって大きさが異なり，影響が少ない国の合意が得られない場合もある。環境問題は，様々な分野に利害関係を生じるため，国家あるいは公共の立場からではなく，私人の立場からの検討を重要視する国も現れることとなる。特に工業において基本的な科学的工程である燃焼（空気酸化）によって発生する二酸化炭素が原因物質となる地球温暖化に関しては，私人の立場が強調される場合が多い。また，国際的な環境問題で特に解決が望まれているものには，開発途上国と先進国の貧富の格差が挙げられる。

　一般的には国際法上の条約締結のための決まった手続はなく，当事者が合意すればどのような手続もとれる。通常は，国家間の交渉，署名，批准，批准書の交換（または，寄託もしくは登録）といった手順を踏むこととなる。交渉とは，国家間の利害関係を議論し結論を得るための過程で，交渉がまとまると，条約文（書面の形式）が採択され特段の合意がない限り，署名によって確定する。これにより，当事者（国家）が，条約文を妥当なものと認め，明確に決定したこととなる。当事者が合意すれば，署名だけで条約に効力が発生（発効）することもあるが，多くの場合，批准を効力の発生としている。批准とは，条約を国家が確認する手続であって，わが国では憲法第7条8号によって天皇が，内閣の助言と承認により，「批准書及び法律の定めるその他の外交文書を認証す

ること。」と定められており，さらに憲法第73条３号では実際の条約権者である内閣が，条約を締結する際に，「事前に，時宜によつては事後に，国会の承認を経ることを必要とする。」ことが定められている。

条約の締結，効力等に関する国際法である条約は，1969年５月に「条約法に関するウィーン条約」として成文化されている。1981年８月に発効した当該条約では，批准書，受諾書，承認書または加入書の交換または寄託について第16条に以下が規定されている。

条約法に関するウィーン条約第16条（批准書，受諾書，承認書又は加入書の交換又は寄託）

条約に別段の定めがない限り，批准書，受諾書，承認書又は加入書は，これらについて次のいずれかの行為が行われた時に，条約に拘束されることについての国の同意を確定的なものとする。

  (a) 締約国の間における交換

  (b) 寄託者への寄託

  (c) 合意がある場合には，締約国又は寄託者に対する通告

一方，国際条約の形態には，次に示すようなものがあるが，効力の違いは明確にはない。

条約（treaty），協約（convention），協定（agreement），規約（covenant），憲章（charter），規程（statute），取極（arrangement），決定書（act），議定書（protocol），合意書（agreed minute），宣言（declaration）などがある。

1.5 EU法：法システム

1.5.1 概　要 --

ドイツ，デンマーク，オランダなど欧州では，環境保全の意識が高く，先進的環境法も数多く制定されている。その内容は，再生可能エネルギーの普及

促進に関したものや資源循環に関したもの，有害物質除去に関したものなど多岐にわたる。

　欧州は，1992年2月に署名され1993年11月に発効したマーストリヒト条約（欧州連合条約）以後，欧州連合（European Union：以下，EUとする）の設立によって政治，経済の統合が図られている。その結果，EUで統一した環境法が整備され始めているが，規則，指令，決定，勧告および意見で，施行の方法等が異なる。その内容は，次に示す通りである。

①　規則（Regulation）

EU加盟各国に直接適用され，各国の国内法に優先する拘束力を持つ。すなわち，EU規則は，新たな国内立法は必要とせず，加盟国の国内法となる。

②　指令（Directive）

実施するための形式および手段の権限は，各国の国内機関に委ねられるもので，各国の国内法に置き換えられ効力を発揮するものである。したがって，各国は国内法や行政規則などを指令に沿って改正する必要がある。各国の裁量の余地は，目的によってその範囲が異なる。

③　決定（Decision）

特定の（個別またはすべての）加盟国や企業，私人（国家，公共ではない私的な立場から見た個人）を対象とした義務を定めたものである。

④　勧告，意見（Recommendation, Opinion）

法的拘束力を有しないが，理事会の意見表明とされる。

　上記の規則，指令，決定は，根拠となる理由が制定時に添付され，欧州連合官報（EU Official Journal）によって公表される。また，その他規制される内容および目的によっては，宣言（Declaration），決議（Resolution），覚書（Memorandom）などもある。

1.5.2　規則の例（EMAS, REACH）

（1）　EMAS規制

環境管理・監査要綱（Eco-Management and Audit Scheme：以下，EMASとする）は，1990年12月に発表されたEC指令案が発端となり，1993年7月にEC規則と

して採択され，1995年から適用されている。当該規則は，加盟各国の環境保全
の取り組みについての統一性を図り，企業の環境管理に対して社会的な秩序の
形成を目的としている。

　わが国では，企業の環境管理・監査についての業界規制であるISO14000シ
リーズが注目されているが，この業界環境規格は，先行して施行されている
EUのEMAS規制の内容を参考にしている部分が少なくない。認証に関して両
者（ISOでは，14001）の最も大きく異なる点は，ISO（英名称：International
Organization for Standardization）では対象となっていない環境パフォーマンスの
部分が，EMASには含まれていることである。したがって，EMASでは実際の
環境負荷低減の実績が必要となるため，ISOの規格より厳しいとも考えられ
る。日本をはじめ世界各国でISO14001の認証数が非常に多くなっているが，
欧州の企業では，EMASの認証のみを取得しているところも多い。

　企業にEMASに参加するインセンティブを与えているものとして，ロゴマー
クの使用の認可が挙げられる。このロゴマークを得た企業は，EUにおいて環
境に配慮しているという社会的ステイタスを持つこととなり，企業の環境戦略
の一環として考えている。

（2）　REACH規制

　2007年8月に施行したREACH規制（Registration, Evaluation and Authorization
of Chemicals）では，リスク評価が遅れている約3万物質の既存物質について安
全性の事前調査（化学物質の有害性など各種データ）を民間企業に義務づけてい
る。これら調査は，従来政府が実施していたものである。わが国では，類似の
化学物質の安全性調査を「化学物質の審査及び製造等の規制に関する法律」に
基づいて現在も行政が実施している。

　当該EU規制のその他詳細内容には，①規定で定める量の化学物質を製造・
輸入する者に化学物質安全性評価（Chemical Safety Assessment［CSA］）の実施
とその報告書（化学物質安全性報告書：Chemical Safety Report［CSR］）の作成の
義務づけ，②新規化学物質と既存化学物質を同一の枠組みで規制し，すでに市
場に供給されている既存化学物質についても新規化学物質と同様に登録の義務

づけ（規定で定める量の化学物質を製造，輸入する者が対象），などがある。

　OECDでも1992年から「高生産量化学物質点検プログラム」を実施しており，2020年までに5000物質を調査する予定であるが，ほとんど進捗していない状況である。化学物質を取り扱う企業にとっては，大きな負担が生じることになるが，将来の化学物質による国際的な環境リスクが減少することになり，長い目で見て必要不可欠な規制であると考えられる。

1.5.3　指令の例（RoHS，ELV，Weee）---------------------------

（1）　RoHS指令

　2003年2月に発効し，2006年7月に全面施行したRoHS（Restriction of the use of certain Hazardous Substances）指令は，EU内に流通する電気電子機器製品に①鉛，②水銀，③カドミウム，④六価クロム，⑤臭素系難燃剤2物質（PBB：ポリ臭化ビフェニル，PBDE：ポリ臭化ジフェニルエーテル）が配合されることを原則禁止している。ただし，使用禁止規制の対象となっている6物質については，濃度基準が定められており，特別の事情がある製品については例外事由が承認されている。各国での国内法における行政規則には若干の違いがあり，注意を要する。EUでは，生産における原料採掘から廃棄・リサイクルにおいての製品の環境負荷を最小限にするためにIPP（Integrated Product Policy）と呼ばれる環境政策を進めており，当該指令はその一環として制定されたものである。

　その後，2011年7月に大幅に改正，2013年1月にRoHS指令（Ⅱ）が全面施行し，2015年には，フタル酸（ベンゼンジカルボン酸）化合物4物質（DEHP：フタル酸ジエチルヘキシル，BBP：フタル酸ブチルベンジル，DBP：フタル酸ジブチル，DIBP：フタル酸ジイソブチル）が追加された。

　規制対象となっている化学物質は，工業用として広く利用されているため，産業界への影響は大きかった。特に鉛は，スズとの合金が，電気・電子回路などに「はんだづけ」として，ごく一般的に利用されていたものなので，「鉛フリー」は，基礎技術の代替策として注目を集めた。多くの企業環境レポートでその状況が示された。現在利用されている鉛代替物質には，銀，銅，ビスマス，インジウムなどが化合されたものがある。また，カドミウムは，黄色の着

色材料，または一般環境中で耐久性をもつ材料として利用されていたもので，世界各地で利用例がある。古い設備機器などに含まれている可能性がある。

（2） ELV指令

ELV指令（Directive on End-of-Life Vehicles）は，使用済み自動車に関する指令（または自動車リサイクルに関する指令）のことで2000年10月に発効（国内法，行政規則整備の期限は2002年4月）した。リユース・リサイクル率[*1]の目標は，2006年までに85％，2015年から95％以上とされている。2003年7月以降EU域内で販売される自動車に次の化学物質が使用禁止（代替技術がないものに関しては除外規定がある）されており，RoHS指令と歩調を合わせている。

①鉛，②水銀，③カドミウム，④六価クロム（防錆用六価クロムコーティングなどは，代替技術の開発が追いつかないことなどを考慮し，規制を遅らせている）。

使用済み自動車のリサイクルシステムでは，まず，最終所有者より公認処理施設へ廃自動車が無償で引き渡され，その後，解体業者（解体処理施設は，許可または登録による公認）で適正な解体処理が行われると，解体証明書が発行される。この際の費用負担は，原則製造業者となる。

自動車業界では，使用済み自動車のリサイクルを効率的に実施するには，自動車を構成する部品に含まれる化学物質の種類と量の把握が不可欠と考え，国際的なデータベースシステムを構築しつつある。このシステムは，IMDS（International Material Data System）といい，自動車部品に含有される化学物質の種類と量（組成比）および部品の重量などについて，部品供給者が提出した情報を収集している。自動車メーカーでは，この情報を利用して，リサイクルする際に問題となる有害物質を設計段階（または製造段階）から合理的に除外することが可能となる。フォード，ダイムラークライスラー，BMW，ゼネラルモータース，トヨタ自動車，日産自動車，マツダなど自動車メーカーは，部品供給メーカーに文書などで直接，このデータベースへの情報提供を求めており，このデータベースに情報を提供している部品供給メーカーは2013年10月現在で11万8011社に達している。対象となる部品には，エンジンやボディ部分だけではなく，座席や座席のシートのファスナーなどあらゆるパーツが含まれて

いる。この情報の登録および出力は，2000年6月からインターネット経由で実施されており，ホストコンピュータはドイツに置かれている。

このIMDSは，2005年1月1日から本格施行されたわが国の「使用済自動車の再資源化等に関する法律」の際にも極めて有効な情報を与えている。

（3）　Weee指令

廃電気・電子機器の資源循環（リサイクル）を目的としたWeee指令は，2003年2月に発効（国内法，行政規則整備の期限は2004年8月；RoHS指令と同じ）した。効率的なリサイクルを実施するには，廃電気・電子機器に含まれる有害物質を除去することが必要なため，前記RoHS指令とリンクして進められている。

当該指令は，すべての電気・電子機器が対象（ただし，年間4kg／人以上回収されるもの）となっており，再生，再使用・リサイクルが義務づけられている。生産者は，自社製品廃棄物処理費用を負担する責任がある（家庭からの回収は無料）。回収費用・実施主体は，明確化されていないため，各国の国内法によるところが大きい。

1.5.4 その他 --

EUでは，製品のライフサイクルのすべての過程を考慮し環境負荷を最小化することを目指した政策であるIPP（Integrated Product Policy：統合製品政策）を2003年6月に採択し通達している。当該通達では，設計，製造，組立，マーケティング，流通，販売，廃棄物処理処分に関した設計者，産業界，マーケティング担当者，小売業者，消費者などが環境適合設計，エコラベル，グリーン調達，工業規格などの各手段を利用して効果的に環境負荷を減少させていくことが示されている。

エネルギーに関しては，化石燃料（石油やガスなど一次エネルギー）や電気（二次エネルギー）などのエネルギーを使用する製品に対し省エネルギー設計・環境配慮設計（エコデザイン）を義務づけたEuP指令（Directive on Eco-Design of Energy-using Products：エネルギー使用製品のエコデザイン指令）が2005年8月に枠組み指令として発効されている。当該指令では，IPPの考え方を受けて，製

品のライフサイクルにおける環境負荷の評価とその低減を目的とした環境配慮設計（エコデザイン）を義務づけている。その後，製品品目ごとの具体的な「実施措置」規制の検討が行われた。そしてEuP指令の対象機器類の範囲を拡大，要求事項の改訂が行われErP指令（Directive on Energy-related Products：エネルギー関連製品指令）が2009年に発効された。

【注】
＊1：リカバリー・リサイクル率　　EUのELVおよびWeee指令では，リカバリー率，リサイクル率を以下のように定義している。
　リカバリー率：リカバリー・リサイクルされた部品・素材の重量／器具あたりの平均重量
　リサイクル率：リユース・リサイクルされた部品の重量／器具あたりの平均重量

1.6 産業界の自主規制

　大手企業には，「企業の人格」の確立を目指して，1990年以前からフィランソロピー活動を盛んに進めているところがある。これは，米国で積極的に行われている「社会的貢献活動」や「慈善的寄付行為」に類似の活動で，文化活動の推進や「1％クラブ」などが行われている。この傾向が，CSR（Corporate Social Responsibility）へとつながり，米国ではSRI（Socially Responsible Investment）が，2001年には既に2兆3000億ドルに達している。

　また，産業界における「持続可能な開発」に関わる国際的な動向は，ヴッパータール研究所が提案している「資源生産性の向上：ファクター10，ファクター4」とWBCSD（The World Business Council for Sustainable Development）が提案する「環境効率性」の検討の2つの大きな流れが進みつつある。

　WBCSDは，2012年6月に開催された「国連持続可能な開発会議（United Nations Conference on Sustainable Development［UNCSD］）」（リオ+20）で議論された「持続可能な開発及び貧困根絶の文脈におけるグリーン経済」を積極的に

支援しており，当該「グリーン経済」が企業の自主規制に強く影響を与えてい
くと考えられる。

1.6.1　環境管理・監査 --

（1）　環境管理のはじまり

　企業の環境保全に関する自主的な活動は，企業理念で取り上げられ，行動計
画が示されることが多い。この傾向は，1991年国際商業会議所（International
Chamber of Commerce［ICC］）による「持続的発展のための産業界憲章」の公
表が大きなインセンティブとなっている。この憲章は，1990年11月に第64回国
際商業会議所常任理事会で決議され，1991年4月の「環境管理に関する第2回
世界産業会議」（WICEM-Ⅱ）で正式に採択され，発表されたものである。わが
国では，社団法人経済団体連合会が発表した「経団連地球環境憲章」（1991年4
月発表）も企業の環境活動推進に大きな影響を与えた。この憲章は，1992年「国
連環境と開発に関する会議」の際にも紹介され，高い評価を受けている。現在
では，多くの企業で企業環境憲章が作成され，企業環境レポート（CSRレポー
ト）などに公表されている。

（2）　環境規格

　環境保護に関する企業活動について，産業界のイニシアティブを持った対応
が国際標準化機構（International Organization for Standardization：以下，ISOとする）
および国際電気標準会議（International Electrotechnical Commission［IEC］）で国
際的に進められている。

　国際標準化機構では，1987年に品質規格であるISO9000シリーズを176技術
委員会（Technical Committee №176）で作成した。この176技術委員会で，国連
環境と開発に関する会議（1992）で採択されたアジェンダ21を受けて，環境保
護関連についての追加規格の議論がなされた。その後，ISO14000シリーズの
ための207技術委員会（Technical Committee №207）が新たに設置され，検討の
場が移された。ISO9000シリーズの品質の確保の規格が基本となって，環境配
慮の規格が検討されることとなった。最初に，環境マネジメント規格（EMS）

表1-6-1　ISO14001（環境マネジメントシステム）の項目

①　環境方針（Environmental Policy）
②　計画（Planning）
③　実施および運用（Implementation and Operation）
④　点検および是正措置（Checking and Corrective Action）
⑤　管理者の見直し（Management Review）

であるISO14001（仕様），ISO14004（原則と一般指針）が1996年9月に発効された。このISO14001は，国際標準化機構による認証の対象となっている。なお，わが国のJIS（Japanese Industrial Standard）規格へ翻訳されたものは，ISOと同じ番号が付されている（以前は番号の整合性はない）。

　ISO14000シリーズは，2004年に規格内容の大幅な改訂（ISO14000シリーズ：2004）が行われ，要求事項の明確化，ISO9000シリーズ（品質規格）との両立性，規格内容の拡大が行われた。その後も適宜追加修正が実施されている。

　環境監査規格（および後述のレスポンシブルケア活動）の管理手順は，TQC（Total Quality Control）のデミング14管理原則で取り上げられたシューハート・サイクルを基本としている。当該サイクルは，PDCAサイクル（Plan-Do-Check-Act）で知られており，「計画立案→実行→チェック→再確認後次なる行動」を意味している。これら行動は，企業のトップダウンによることが前提となる。また，ISO14001（環境マネジメントシステム：Environmental Management System）の定義では，経営者による環境声明を含む「環境方針」が加わっている（表1-6-1参照）。

1.6.2 レスポンシブルケア活動 -------------------------------

　1985年のカナダ化学品協会（CCPA）の提唱以来，当初は労働安全衛生を中心に対策が進められ，1990年に米国化学品製造者協会（CMA），オーストラリア化学品製造協会（ACIA）によって，国際的なレスポンシブルケアの推進機関である「国際化学工業協会協議会（ICCA）」が設立された。1992年の国連環境と開発に関する会議で採択された「アジェンダ21」の19章および30章に基づいて，有害物質に関した企業内環境保全体制の強化も進められている。

わが国では，1994年12月社団法人日本化学工業協会（JCIA）から「レスポンシブルケアの実施に関する基準：環境基本計画」が発表されている。このレスポンシブルケア活動は，大気汚染防止法第18条の21「事業者の責務」（1996年）の検討に影響を与えた。

1.7　市民による環境保護活動

1.7.1　環境NGO

環境問題の解決には，市民による中立的な意見が重要な示唆となる場合が多い。市民の代表として活動する組織には，NGO（Non-Governmental Organization：非政府組織；政府機関ではない組織）またはNPO（Non-Profit Organization：非営利組織；営利を目的としない組織）が，中心的な役割を果たしている。

1972年に開催された国連人間環境会議（United Nations Conference on the Human Environment［UNCHE］）では，環境NGOは会議場の外で活動を繰り広げていたが，1992年の国連開発と環境に関する会議（UN Conference on Environment and Development［UNCED］）では，正式な発言権を持ち，提案も行えるようになった。環境NGOの活動としては，①科学的な分析・調査（事実の解析，情報公開），②会員への解説（情報の解析，分析），③パブリックキャンペーン（啓発，環境教育），④ロビー活動（国際条約への提案など），⑤非暴力直接行動（世論を高める）などがある。

国際的に活動を進める環境NGOには，WWF（World Wildlife Fund：世界保護基金／創立1961年），グリンピース（Greenpeace／創立1971年），シエラクラブ（Sierra Club／創立1892年），NRDC（Natural Resources Defense Council：自然資源防衛協議会／創立1970年），EDF（Environmental Defense Fund：地球防衛基金／創立1967年）などがある。

WWF（World Wildlife Fund：世界保護基金）は，ワシントン条約（絶滅のおそ

れのある野生動植物の種の国際取引に関する条約：1973年採択）でIUCN（国際自然保護連合）*1とともに草案を作成している。また，1980年にIUCN，UNEP，WWFが共同で発表した「世界環境戦略（World Conservation Strategy）」では，「持続可能な開発」を最初に提唱した。この考え方は，ブルントラント報告で議論され，1992年の国連環境と開発に関する会議のテーマとなった。

また，NRDC（Natural Resources Defense Council：自然資源防衛協議会）は，「気候変動に関する国際連合枠組み条約」に基づき，国際的に自然科学および社会科学の面から検討を行っているIPCC（Intergovernmental Panel on Climate Change：気候変動における政府間パネル）で高度な専門的知識で貢献した。

グリンピースは，「見えなければ人は覚えない"Out of sight, Out of mind"」という考えを持ち，1971年に行ったアラスカのアムチトカ島で地下核実験を行おうとした米海軍にボートを使っての抗議をはじめ有害廃棄物の投棄，核廃棄物の投棄への抗議などメディアを通して世界へ訴える方法で世論を高めている。

シエラクラブは，ヨセミテ国立公園（図1-7-1参照）を保護する目的で上流・中流階級の人々の慈善活動としてスタート（初代会長：ジョン・ミューア／政治家）し，森林や野生生物の生息地の保護を議会へ働きかけ，「森林保護関連の法律の制定」，「森林保全地域の設定」，「国立公園の指定，区域の拡大」を実現している。

また，有害物質に関しては，DDT（ジクロロジフェニルトリクロロメタン：殺虫剤）の危険性を警告した科学者チャールズ・ウースターらが設立したEDFの活動で，米国でのDDTの使用が禁止されている。

わが国では，1998年3月に公布された「特定非営利活動促進法」いわゆるNPO法で，特定非営利活動を行う団体に法人格が付与された。この法律は，ボランティア

図1-7-1　米国ヨセミテ国立公園

活動をはじめとする市民が行う自由な社会貢献活動としての特定非営利活動の
健全な発展を促進し，もって公益の増進に寄与することを目的としている（第
1条）。

　ただし，特定非営利活動法人（NPO法人）は，特定の個人または法人その他
の団体の利益を目的とした事業や特定の政党のための利用は行ってはならない
ことが定められている（第3条）。

1.7.2　企業の社会貢献・環境情報を評価 ----------------------

　企業では，環境保全に係る社会貢献活動を以前はフィランソロピー
（Philanthropy）活動として実施していたが，近年では，CSR（Corporate Social
Responsibility：企業の社会責任）としてとらえている。CSRを評価したSRI（Socially
Responsible Investment：社会的責任投資）が注目を集めており，企業の環境保全
活動が企業経営にも強い影響を及ぼすようになっている。SRIとは，投資家が
投資対象の収益性や安全性だけではなく，その企業の環境や社会に対する取り
組みも考慮して投資を行うことである。環境に関した代表的なものは，エコ
ファンドがあり，わが国でも多くの種類の商品が販売されている。企業の具体
的な活動指針としてE（環境），S（社会），G（統治）が検討されている。

　オーストラリアなどの環境NGOでは，金融機関の環境保全に関したCSRの
格付け基準などに疑問（化石燃料使用企業への投資は地球温暖化助長など）を表明
している。中立的立場の意見として企業も真摯に受け止める必要があると思わ
れる。

　前述のEDFでは，電力エネルギーの「需要側の管理抑制」シミュレーション・
プログラムを独自に開発し，発電所の新規建設よりも省エネルギー，再生可能
エネルギーに投資することが経済的にも環境保全面でも有利であることを証明
している。このプログラムは，全米規模のエネルギー政策に反映され，原子力
発電所のライフサイクルを考えると環境負荷が大きいことや，火力発電所の
SOx，温排水，地球温暖化問題を論理的に説明している。この結果，原子力発
電所や火力発電所の建設中止などを実現した。

　今後，市民公衆の「知る権利」の確保が進み，環境に関する多くの情報が入

手可能となると，これら情報の内容を市民へ解説する必要性が高まると考えられる。中立的立場で環境情報を評価，解説されることが望まれる。

　PRTR情報（化学物質管理法）では，有害物質放出について，企業のランキング・地域のランキングが挙げられ，廃棄物処理では，汚染事件の解説が考えられる。

1.7.3　公害防止協定，環境協定 -------------------------------

（1）　概　要

　公害防止協定または環境協定（以下，協定とする）は，環境汚染が発生するおそれがある事業活動を行う事業者と，市区町村等地方公共団体，または住民団体等との間でなされる汚染防止のための内容を取り決めた契約である。条例よりさらに地方の特色に応じた環境保全を図ることが可能である。一般市民と産業界，行政との環境汚染防止に関したコミュニケーションとして有効な手段と思われるが，自然の状況を理解した上で技術的背景を明確にした内容にしなければ却って環境に負荷を与えてしまうことになりかねないため注意を要する。

　協定では，環境汚染を防止するための事業者がとるべき措置について合意形成がなされ，法律では対応が難しい汚染の未然防止を図ったものまである。協定の当事者は，工場だけではなく，ゴルフ場，スキー場等レジャー施設，病院，ホテル等なども含まれている。しかし，工場等の閉鎖などで年間数百件が無効になっている。

（2）　経　緯

　1952年3月に島根県と山陽パルプ江津工場と大和紡績益田工場との間に締結された「公害の防止に関する覚書」が，わが国で最初の公害防止協定とされている。当該協定では，工場の新設に対して県の技術指導により排水処理施設を完備することや工場からの排水によって損害が発生したときは補償をすることなどが義務づけられている。当時は現在の水質汚濁防止法等公害防止に関する法律が整備されていなかった[*2]ため行政の協定による公害防止対策として先進的なものといえる。しかし，紳士協定的要素が強いものである。

　科学的知見が伴った具体性のある第1号の公害防止協定は，1964年に横浜市と根岸臨海工業用埋め立て地に進出予定の東京電力および電源開発株式会社との間で締結されたものが挙げられる[*3]。これは「横浜方式」といわれ，企業サイドに自由裁量の余地がないような規定となっていることが評価され，その後の他の協定に影響を与えた。公害防止に関した法律が整備されるに従い，地方自治体では上乗せ，横出し規制を伴った条例，要綱および指針で対応することが多くなっている[*4]。1967年に新潟水俣病訴訟，1969年に熊本水俣病第一次訴訟が提起され，その他環境汚染の顕在化から住民運動が盛り上がり，その後住民団体と事業者との間での公害防止協定が数多く締結されるようになった。

　1972年に締結された北海道電力（伊達市に建設予定伊達火力発電所）と住民・漁民との公害防止協定では，協定細目書規定の温排水違反による差止め請求訴訟があった（伊達火力発電所事件：札幌地判昭和55年10月14日・判時988号37頁）。これは，技術的要素に関する双方の食い違いによって発生したものである。

　1985年には，岩手東芝エレクトロニクスと岩手県北上市との間で協定が結ばれ，住民による立入り検査，事故報告等内部がよくわからない先端産業（半導体生産）の（可能な部分の）情報開示を含み，無過失損害賠償責任も規定された。当時この協定は，他の多くの公害対策にも影響を与え，他の半導体工場では工場見学を実施するなど住民との対話を進めるようになった。このように公害防止協定は，行政による取締り規制のギャップを埋める機能も有している。

（3）　法的性質

①　協定の契約形態

　協定の形態は，次の4種類が挙げられる。そのうちi，iiの2種類は効力が期待できる。

　i．民事契約説

　ii．行政契約説

　（iii．紳士協定説：道義的規定とするもの。ただし，環境関連の法律で定めている基準等の規定を再確認しているだけのものも多くみられる。）

　（iv．行政指導説：行政指導のみで法的拘束力は認められないとする。）

（ⅰ）民事契約説　公害防止協定を通常の民事上の契約としてとらえるもので，行政法による取締りの間隙を埋める機能を正常に成しうることが期待できる。住民や市町村による条約違反の監視により，公害の防止を図ることが可能となる。例えば米国労働安全法（1910.1200 Hazard Communication）やスーパーファンド法（第302条〜第313条，第355条）のように事業所内の化学物質等に関する知る権利をある程度規定することもできる。

　しかし，規定内容に科学的根拠が必要である。例えば，排水のBOD（Biochemical Oxygen Demand）が0といったものや排気に色がないことなどまったく技術的に意味を持たない規定をしている場合，公害防止の目的を失っており，むしろ本規定遵守による新たな公害を発生する危険性さえ含む。化学的な切り口による社会的相当性を失うと地域住民のエゴイズムとなる可能性もある。

　（ⅱ）行政契約説　1970年6月21日に自治省が発表した公害防止対策要綱の中で公害防止協定の活用を謳っており，進出企業と地方自治体の間で必ず公害防止協定を締結するように指導している。地域の特性に応じた対応への期待があるが，行政管理の相違によって地域による規制の厳しさが著しく異なることも発生している。また，協定の当事者が行政と事業所であるので行政の長が事業を認可してしまうと住民サイドでの対応が難しくなる。住民訴訟で対応する場合も行政上財政的問題が発生したときに限られる（地方自治法第242条（住民監査請求）の2）。

　行政で実施する地域の公害対策は，要綱で対応する方が合理的であると思われるが，特定の業者への行政指導といった面では協定が妥当であろう。

　②　違反の措置

　事業所の環境測定の実施（モニタリング）や施設改善，操業停止が定められており，協定違反の際には，住民による立ち入り調査，改善書の提出等が求められることもある。

　また，地方公共団体が土地造成を行い，工場団地等で事業者に譲渡する際に土地売買契約と同時に公害防止協定を締結することがある（例．横浜市根岸湾等）。この場合，買主の事業者が公害防止協定に違反したときに，売主の地方

公共団体が土地売買契約の解除や買戻し権まで定めるものもある。

1.7.4　環境カウンセラーと環境教育 --------------------------

　行政による環境保全に関した市民育成制度として，環境カウンセラー登録制度がある。この制度は，「環境カウンセラー登録制度実施規程」として環境省より告示され，1996年9月から実施されている。この制度の目的（第1条）は，「環境カウンセラーの登録等に関し必要な事項を定めることにより，社会を構成する各主体の，環境保全に関して担うべき役割及び環境保全活動の有する意義の理解を増進するとともに，その自主的な取組を促進し，もって全ての主体が環境保全活動に参加する社会の実現に資すること」とされ，事業部門と市民部門の資格者を定めている。特に市民部門のカウンセラーは，市民を対象とした環境カウンセリングを行うこととなっている。市民の環境保護活動を向上するための1つの方法として期待される。

　また，環境教育に関しては，2003年7月に「環境の保全のための意欲の増進及び環境教育の推進に関する法律」（2004年10月完全施行）が公布された。この法律では，「環境保全に関する知識および環境保全に関する指導を行う能力を有する者を育成または認定する事業を行う国民，民間団体等は，その事業について，主務大臣の登録を受けることができる」ことが定められ，これに必要な手続等を規定している（第11条～第18条）。その他の規定内容は，努力規定（……を努める）となっており，義務規定とはなっていない。また，第7条に環境教育についての国の基本方針を定めることとなっており，この規定に則した今後の政令，細則が注目される。

　2002年の国連総会で，ESD（Education for Sustainable Development：持続可能な開発のための教育）の推進機関にユネスコ（United Nations Educational, Scientific and Cultural Organization［UNESCO］：国連教育科学文化機関）が指名され，国際的に環境教育が推進されている。

【注】
　＊1：IUCN　　1948年に設立され，当初は，"International Union for the Protection of

Nature"（国際自然保護連合）だったが，1956年に"International Union for Conservation of Nature and Natural Resources"（日本語名は，当初の名称をそのまま使用している）と改称した。絶滅のおそれのある動植物をリストした「レッドデータブック」の発行で，注目されている。世界自然遺産の専門審査機関でもある。

＊2：1956年5月熊本県水俣市で水俣病患者の公式第1号が発見された。その後1958年12月に水質2法である「公共用水域の水質の保全に関する法律」および「工場排水等の規制に関する法律」が制定され，翌年施行された。しかし水俣には適用されなかった。

＊3：法律に関した科学的知見の検討等は次のものがある。

1965年に政府ははじめて新潟水俣病（阿賀野川下流域）の原因究明に乗り出し，1968年に新潟水俣病は昭和電工の排水が基盤，熊本水俣病はチッソの工場排水が原因（有機水銀）をなしていることを政府見解として発表した。また，1961年に四日市磯津地域中心に発生した四日市ぜん息（呼吸器疾患）で石油コンビナートの排気が問題となり，1964年には富山県神通川流域で地方病とされていたイタイイタイ病が三井金属神岡製鋼所の排水（カドミウム）であることが判明した。1969年に被害者の医療救済のために「公害に係る健康被害の救済に関する特別措置法（公害健康被害救済法）：後の公害健康被害補償法（1973年制定翌年施行，1987年に改正し公害健康被害の補償等に関する法律となった）」が制定され，医学的見解として，1971年に水俣病の認定要件について環境庁次官通知が発せられた。内容は，有機水銀（水俣病原因物質）の蓄積性，および人体の症状が取り上げられた。1977年には後天性水俣病についての判断基準が環境庁企画調整局保健環境部長通知として発せられている。工学的な面では，1968年制定の大防法で排出基準が排出口の高さで決められるK値規制が導入された。

＊4：1967年8月公害対策基本法（厚生省：公害推進連絡会議）成立，1971年厚生省から公害保健関係や自然保護関係の部門から独立して環境庁が設置される。1972年に大防法（第25条）および水濁法（第19条）の改正で無過失責任が導入される。また，要綱および指針等は，議会を通さず作成できることから，公害防止協定で行うような内容についても早急な対応が可能である。

＊5：排　気　　白い排気は，水蒸気である場合が多いが，公害防止協定で排出を禁止している場合一度事業所内で冷却して排水として放出していることがある。黒い排気の場合，質の悪い重油を使用していることが多いためボイラーの使用燃料に関する法律違反の可能性がある。

第2章
環境法進展の経緯

　奈良の東大寺大仏の建設時に大仏表面の金メッキに，金・水銀のアマルガム
を利用したため，水銀による公害事件が発生している。奈良時代においてもす
でに公害が発生しており，環境汚染は近年だけの問題ではない。この金メッキ
は，古墳時代より利用されているもので，銅の表面に金・水銀のアマルガムを
塗布し，その後炎などで加熱を行い水銀を蒸発（昇華）させる方法である。ア
マルガムとは，水銀と他の金属との合金の総称である。この蒸発した水銀が，
周辺作業者に中毒を多発させた。

　技術は一定の目的のために利用されるが，環境影響への評価が欠けると何ら
かの汚染を発生させるおそれがある。昔発生した環境汚染の人への被害は，奇
病として扱われてしまったことが多い。公害被害は最初原因不明の奇病または
難病とされていた。想定していない現象が起きた環境汚染は，理解できない病
気となってしまうこととなる。明らかに予測が可能である場合は，極めて悪質
な行為といえる。

　次に，明治以降の環境問題となった主要な事件および環境保全のための主要
な動向を取り上げる。

2.1 明治以降（1868年～　）——富国強兵政策

2.1.1 1881年～　大阪アルカリ事件　硫酸製造・銅製煉工場
（排出された汚染物質：亜硫酸ガス・硫酸ガス）--------------

　1881年（明治14年）から硫酸製造，銅製煉を行ってきた工場では，排出していた亜硫酸，硫酸ガスが周辺の農作物（稲作，麦作）に甚大な被害を発生させた（大阪アルカリ事件：大判大正5年12月22日・民録22輯2474頁）。亜硫酸ガス，硫酸ガスは，強い酸性の化学物質で，腐食性が極めて高いため，急性的に被害が顕在化した。本事件の大審院1916年（大正5年）民事部判決では，「化学工業に従事する会社その他の者が其の目的たる事業によりて生ずることあるべき損害を予防するがため右事業の性質に従い相当なる設備を施したる以上は隅々他人に損害を被らしめるも之を以て不法行為者としてその損害賠償の責に任ぜしむることを得ざるものとする」と示されており，公害を発生させた工場が社会的に一般的とされる公害防止設備を設けていれば許されると判断された。当時（大正5年）は，わが国は富国強兵策をとっており，政策的な価値判断から環境保全より産業活動を優先させたといえる。しかし，「予防のための相当なる設備」を，現在の公害防止技術レベルにあてはめた場合，極めて厳しいものとなる可能性がある。技術レベルは日々向上しており，最高の技術は非常に高いレベルにあるが，その設備を設置するには高コストを要する。社会的に相当とみなす設備を，どのレベルとするか問題となる。英国の統合的汚染規制（Integrated Pollution Control：IPC）では，設備設置の事前の許可の要件で当初「最善の技術」を予定していたが，産業等からの要望により「過剰な費用負担を要しない実現可能な」ものと修正されている（第**5**章**5.2**参照）。

　また，有害性は急性的なものだけではなく，数年以上経過して発現するものから様々な要因が複雑に関わるものまである。市場に一般的に流通している化学物質だけでも約10万種類に及んでいる。この汚染対応の時間的空間的広がり

が，汚染の可能性がある化学物質を膨大に増加させており，予防を必要とする設備を拡大させている。ゆえに，当該大阪アルカリ事件判決は，安易な判断であったといわざるをえない。

2.1.2 1880年代〜　足尾銅山鉱毒事件　銅精錬工場
（排出された汚染物質：煤塵［イオウ酸化物，銅］）----------

　足尾銅山は，1610年に発見され，江戸時代から江戸幕府の直営で銅の採掘が始まっている。明治に入り民間会社に所有が移転され，銅の需要の高まりから増産を進めていった。その結果，ばい煙（イオウ酸化物など），鉱毒（硫酸銅など）排水を発生させ，鉱業所周辺に銅を含有した廃棄物が蓄積した（図2-1-1参照）。

　周辺への環境汚染は，1880年前後から発生し始め，鉱業所の前を流れる渡良瀬川が1880年，1896年と大洪水を起こした際，鉱毒が渡良瀬川流域に広がり，農作物などに大きな被害を発生させた。また，排煙も足尾町周辺に深刻な大気汚染（酸性物質による有機質の破壊）を発生させ，周辺の森林も破壊された。銅の生産では，不要な副産物が大量に発生するため，それら排出物および廃棄物の処理が不可欠である。しかし，当時は，これら社会的なコストを汚染者が負担するといった概念がなかったため，エコリュックサック[*1]部分がすべて環境中に排出されてしまい，いわゆるエコダンピング[*2]が当然なものとして実行されていたと考えられる。すなわち，鉱害を撒き散らした足尾銅山での銅の生産は，資源生産性[*3]が極めて悪い例といえる。銅は比較的高価（1トン数十万円）であることからマテリアルリサイクルの対象として世界で盛んに廃棄電線，交換機等から回収再生されており，資源生産性は高まってきて

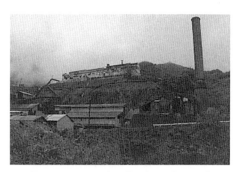

図2-1-1　現在の足尾銅山（2003.7）
1945年以後，黄銅鉱（$CuFeS_2$）などの硫化物からイオウ分を分離し，硫酸の生産も始めたことから，銅の生産が急激に増加したが，設備の酸化腐食も促進された。

いる。

　また，被害農民等が受けた被害の賠償については，わずかな示談金を支払うことによって汚染者と今後一切補償請求はしないとする「永久示談契約」が1895年に結ばれた。さらに，大気汚染等が著しく深刻だった谷中村などが廃村になった。明白な被害者が存在するにもかかわらず，汚染者による十分な損害賠償が行われなかったこと，および有効な対策もとられないまま操業が続けられたことは，現在では信じがたいことである。その後，1974年に公害等調整委員会によって被害農民の提訴に基づく調停が成立している。公害等調整委員会とは，公害紛争処理法第3条に定められており，「公害に係る紛争についてあつせん，調停，仲裁及び裁定を行うとともに，地方公共団体が行う公害に関する苦情の処理について指導等を行う。」こととされている。この調停では，汚染者の古河鉱業所が被害農民へ15億5000万円の補償金を支払うことで双方同意となっている。

2.1.3　他の鉱山開発における鉱害対策
　　　——企業の社会的責任 -------------------------------------

　わが国では，江戸時代以前より多くの鉱山が開発されており，石見銀山，生野銀山，別子銅山，尾去沢銅山など多くの資源が存在していた。それらの多くが輸出され，国家財政の重要な財源となっていた。生産量が少量だったため大きな鉱害は発生していない。また，当時の採掘労働者の寿命が短かったことから慢性的な健康被害も顕著にならなかったと考えられる。その他「たたら鉄」の生産においても多くの森林を消費（熱および還元材料［木材または木炭］）し，砂鉄の採取で川が汚染されていた例もあるが，持続可能な経営にするために森林管理，河川管理を行っていた記録が残っている。

　しかし，明治以降，採掘技術の発展とともに大量の採掘が行われ，黄銅鉱（または，黄鉄鉱）に含まれるイオウも工業生産（硫酸や硫酸アンモニウム［肥料の原料］）されたことから，足尾銅山と同様に煙害（イオウ酸化物［SOx］等）が発生していた。別子鉱山（住友家）では，排煙を発生させる設備を居住地から遠ざけ，排煙による酸性雨等で喪失した森林を回復するために植林を行っている。

　また，日立鉱山は，江戸時代に紀伊国屋文左衛門などが銅採掘など開発を手がけたが鉱毒問題で失敗している。その後，1905年に久原房之助によって開業されたが大気汚染が深刻となり，当該経営者は大煙突の建設を提唱し，「この大煙突は日本の鉱業発展のための一試験台として建設するのだ。たとえ不成功に終わってもわが国鉱業界のために悔いなき尊い体験となる。」との意志のもと，当時の世界一の高さの155.7メートルの煙突を1915年に建設している。この汚染拡散対策は，現在の大気汚染防止法規制で実施しているK値規制（煙突の高さで排気の濃度を規制［大気汚染防止法第3条2項1号，法施行規則第3条1項および2項］）に取り入れられている。また，遠隔地の汚染状況を通信を利用して確認するモニタリングシステムも現在の大気汚染観測に実施されているテレメーターシステム（現在は放射線量監視でも使用）に利用されている。亜硫酸ガスのため，周辺地域の山々の樹木が枯れたことについての対処としては，煙に強い木（オオシマザクラ，黒松，ヤシャブシ，ニセアカシヤなど）を約500万本植林し，周辺の町村へも苗木を500万本無料で配布している。日立鉱山は，現在のJXホールディングスに至っており，機械メンテナンス部門からは日立製作所も設立されている。

【注】

＊1：エコリュックサック　　商品の外見からではわからない原料採掘から製品ができるまでの環境負荷をエコリュックサックといい，ドイツ・ヴッパータール研究所が出版した「ファクター4」の中で示した概念である。鉱業の場合，原料探査，採掘，精錬，原料輸送といった工程で環境負荷を生じている。「ファクター4」では，金10gを得るために，金鉱山の鉱石は，3.5トン移動（採掘）されていることなどが示されている。

＊2：エコダンピング　　製品を製造する段階で環境汚染に配慮せず，環境保全コストがかからない分，製品単価を安価にして，商品競争力を得る行為をいう。1960年代にわが国は工業製品を公害防止をしないで生産し安価にして米国に輸出した。そのため，当時の米国大統領ニクソンが，わが国の輸出メーカーを非難し，その際に使われた言葉である。1990年代には，ドイツで廃棄物埋め立て処分場の技術を厳しくした際に，技術レベルに満たない埋め立て処分場がその施行時期前に安価な値段で大量に廃棄物を受け入れ，これも「エコダンピング」といわれて問題となった。

＊3：資源生産性の向上　　単位あたりの資源が生み出すサービスの量の比率が向上することをいう。資源生産性は，厳密にいうと，原料の採取で発生した廃棄物から製品になるまで使われた資源のすべてを分母にとり，その製品が与えるサービスを廃棄になるまで（寿

命）含めた量を分子にした分数で表される。その製品の（全体または部分的）リユース,（マテリアル・サーマル）リサイクルまでのサービスを含めたものを検討に加えるべきであるが，現状では正確な情報に基づく数値を算出することは難しい。一般には，小さく（軽く），長寿命生があるものが最もサービスが大きくなると予想される。理想的には，製品の物質面およびエネルギー面すべてのLCA（Life Cycle Assessment）情報があることが前提となり考えなければならないものである。

2.2 第二次世界大戦以降（1945年～ ）——経済成長期

わが国の高度経済成長期には，環境保全に関して低い価値判断を示す傾向が依然みられた。東京都江戸川区の製紙工場（本州製紙工場江戸川工場）から有害物質（酢酸アンモニア）を含んだ排水が流され，江戸川水系の漁業に被害を与えたことに抗議して，1958年6月10日東京湾浦安の漁民が当該工場に押しかけた。数百人の警官隊との衝突の際に，百数十人にものぼる負傷者を出している（浦安漁民騒動事件）。事前（同年4月17日）に，町，製紙工場，千葉県の三者の立ち会いで実態調査が行われ，町から製紙工場へ汚水流出の中止を申し入れ（同年4月22日），さらに千葉県から東京都（本州製紙は東京都側の江戸川沿岸にある）へ「水質検査が終わるまで汚水流出を禁止する処置をとるよう」申し入れたが，工場は無害を主張し，流出を止めようとはしなかった（1958年6月12日東京新聞）。このため，漁民の感情が爆発したと考えられる。この事件がきっかけとなり，1958年12月25日に水質保全のための法律（「公共用水域の水質の保全に関する法律」および「工場排水等の規制に関する規制」）が公布され，わが国で最初の公害法が制定された。この法律は後に水質汚濁防止法（1970年12月25日公布）となっている。

2.2.1 「社会的費用」--

社会的費用（The Social Cost）は，1950年にK. W. カップ（K. William. Kapp）によって主張された概念で，「第三者あるいは一般大衆が私的経済活動の結果

こうむるあらゆる直接間接の損失を含むもの」で，社会的損失の中には，人間の健康の損傷，財産価値の破壊あるいは低下，自然の富の早期枯渇，または有形的ではない価値の損傷として現れるものがあるとしている。この考え方は，近年の企業の自主的な環境保全の取り組みの中でよく利用されている。公平な行政コストの面からも社会的費用の存在を明確化しておく必要がある。まず，この概念の理解が最も重要である。

　ただし，環境会計の検討では，この社会的費用の大きさが不明確であることが問題となっている。計算の方法として使われている例としては，次に論ずる公害の損害賠償の額を基準にとり，公害を発生させた場合の費用を算出し，その公害防止に係る費用を減じて会計結果とするものがある。しかし，地球環境汚染など損害賠償例がないものは算出できない。具体的な社会的費用の算出に関しては，これからより根拠を持ったものが検討されていくことが期待される。

2.2.2　4大公害 --

（1）　概　要

　1960年代の経済成長は，公害を発生させ，わが国の生活環境の多くを犠牲にした。その現象は，7つに分類され，典型7公害と呼ばれている。その種類は，大気汚染，水質汚濁，土壌汚染，騒音，振動，地盤沈下，悪臭である。

表2-2-1　4大公害（1960年代）

新潟水俣病事件　　（不法行為　民法第709条） 　　　　　　　　　　原因物質：有機水銀［昭和電工鹿瀬工場］ イタイイタイ病事件（無過失責任　鉱業法第109条） 　　　　　　　　　　原因物質：カドミウム［三井金属鉱業神岡鉱業所］ 四日市ぜん息事件　（共同不法行為　民法第719条） 　　　　　　　　　　原因物質：ばい煙［三菱モンサント以下6社］ 熊本水俣病事件　　（不法行為　民法第709条） 　　　　　　　　　　原因物質：有機水銀［チッソ水俣工場］

［　］内は被告

公害発生地域は，全国各地に及んだが，特に悲惨な事件となった4地域のものは，4大公害といわれる。当時は，公害防止のための環境法が整備されていなかったため，民法の不法行為，または，鉱業法無過失責任に基づいて，損害賠償請求がなされた。**表2-2-1**にその事件の名称と原因物質等を示す。

（2） 不法行為

① 概　要

汚染責任者が，発生した環境汚染について予見ができ（予見可能）て，汚染の防止が可能だったもの（結果回避可能）については，被害者が損害賠償を請求することが認められている。

しかし，損害賠償請求では，被害者（原告）が，汚染の原因やその因果関係などを自分で証明しなければならない。これでは，一般公衆が裁判で環境損害を問うことは難しい。

民法第709条（不法行為による損害賠償）では，「故意又は過失によって他人の権利又は法律上保護される利益を侵害した者は，これによって生じた損害を賠償する責任を負う。」となっており，環境汚染被害では，次表に示すような汚染被害者が立証すべき事項がある（**表2-2-2**参照）。

表2-2-2　汚染被害者が立証すべき事項

被害発生……被害者
⇩
汚染者（加害者）へ損害賠償を請求
【被害者が立証すべき事項】
1．加害者の故意または過失
2．汚染による被害
3．汚染と被害の因果関係

水俣病事件では，汚染と被害の因果関係の証明には，次の3項目が検討された。なお，現在は，右側（　）内のデータにより，関連情報を入手することが可能である。

1．被害の特性と原因（病因）物質⇨（MSDS［Material Safety Data Sheet］ま

　たは，SDS［Safety Data Sheet］）

　２．汚染経路　　　　　　　⇨　　　（環境計量測定値：環境法に基づく）
　　；原因物質が被害者に到達する経路
　３．加害企業の汚染物質の排出　⇨　　　（PRTR公開データ）
　　；汚染物質の生成・排出に至るメカニズム

（熊本および新潟水俣病事件は，アセトアルデヒド製造工程から放出された工場排水に
メチル水銀化合物が含有されており，これに汚染された魚を摂取した被害者が水俣病に
罹患したものである。）

　新潟水俣病事件判決（新潟地判昭和46年9月29日・下民集22巻9・10号別冊1頁）
では，「1．2．については，その情況証拠の積み重ねにより，関係諸科学と
の関連においても矛盾なく証明できれば，法的因果関係の面ではその証明が
あったものと解すべきであり，1．2．のそのような証明がなされ，汚染源の
追求がいわば企業の門前にまで到達した場合，3．については企業側で，自己
の工場が汚染源になりえないことを証明しない限り，その存在は推証され，す
べての法的因果関係が立証されたものと解すべきである。」と示され，原告の
証明責任が実質的に軽減されたと考えられる。

　さらに現在は，大気汚染防止法第25条，および水質汚濁防止法第19条では，
汚染（加害行為）が，意図的であることや過ちがあったことの有無に関係なく，
被害について賠償責任を負うことが法律で定められている（無過失責任）。ただ
し，当該2法で規制対象となっている物質の被害に限られる。

　なお，賠償の方法は，民法第417条（損害賠償の方法）「損害賠償は，別段の意
思表示がないときは，金銭をもってその額を定める。」により，損害はすべて
金銭による賠償となる。公害被害の場合，健康の回復や汚染による破壊の回復
行為は，実際不可能であることが多い。なお，廃棄物の不法投棄による土地の
汚染などは，「廃棄物の処理及び清掃に関する法律」による原状回復が定めら
れている。

　②　予見義務
　前記新潟水俣病事件判決（新潟地判昭和46年9月29日・下民集22巻9・10号別冊
1頁）では，汚染の予見義務として「化学企業が製造工程から生ずる廃水を一

般河川等に放出して処理しようとする場合は，最高の調査技術を用い，排水中の有害物質の有無，その程度，性質等を調査し，これが結果に基づいて，いやしくもこれがため生物や同河川を利用している沿岸住民に危害を加えることのないよう万全の措置をとるべきである。」とされ，厳しい注意義務が課されている。これは，企業に「汚染者負担の原則」に基づく，生産の事前対処（環境に対する影響評価）を義務づけていることとなり，環境法を超える自主的な活動の重要性が非常に高くなる。

　ただし，「最高の調査技術」は，科学技術の発展に依存しており，分析技術の発達が汚染の注意義務を左右することになる。

　また，有害物質の範囲が不明確である。世の中に存在するすべての物質は何らかの形で化学反応をし，物理的影響も持つ。現在，限られた物質の一定の性質しか確認されておらず，膨大な種類の物質が潜在的有害性を含んでいるといえる。一つの物質の有害性および環境中でのリスクアセスメントでさえ，多くの実験と専門家による評価が必要であり，企業で使用しているすべての物質について企業独自で行うことは経済的および技術的に困難である。

　したがって，当該判決理由は，新潟水俣病事件における有機水銀の対策のみに限られると考えられ，最高の調査技術によって普遍的な汚染対策を望むのは現段階では極めて難しい。もっとも，新潟水俣病事件の場合，汚染被害が科学的にほぼ明らかとなった1959年7月以降の数年間も有害物質を含む排水を続けており，企業の環境保全への注意が極めて希薄であったことがうかがえ，近年の先進的に環境対策を実施している企業と比較することさえ無意味ともいえる。

　これからの企業経営においては，LCA分析に基づいて，グリーン調達，化学物質放出移動情報の整備，設計段階での環境リスク（有害性回避，資源生産性の向上）の低減を図ることが，遠回りであるが長い目で見て，最も合理的な対応となろう。

　まだ議論されるべき問題もある。例えば，事件から20年間を経過すると被害に対する損害賠償の請求権は，時効によって消滅する（被害者が事件を知ってからは3年間）（民法第724条）。ダイオキシン類をはじめ近年問題となっている環

境被害には，何十年も経過した後，被害が顕在化する場合もある。この時効期間では不十分であると考えられる。

このほか，工場等に何らかの欠陥があり，または，酸化（腐食）などにより他人に何らかの損害が生じた際にも不法行為となる（民法第717条1項）。

③　悪質な行為

米国では，汚染被害についての高額な損害賠償が認められるケースがある。これは，汚染加害者に再発防止を促すために，懲罰的な措置を講じているためである。米国企業にとっては，損害賠償責任が，一種の汚染防止対策のインセンティブになっている。しかし，わが国では，懲罰的賠償は認められていないため，民事において強い再発防止効果は期待できない。

熊本水俣病事件刑事事件（最判昭和63年2月29日・刑集42巻2号314頁）では，水俣病汚染を発生させた日本窒素肥料株式会社代表取締役（当時）および同社水俣工場長が，業務上過失致死罪（刑法第211条）で有罪（禁錮3年執行猶予3年）となった。この事件は，1958年9月頃から1960年8月頃まで日本窒素肥料株式会社水俣工場が，塩化メチル水銀を含む工場廃水を熊本県水俣川河口海域に排水させたことによって発生したものである。

その後，事業活動に伴って人の健康に係る公害を生じさせる行為等を処罰する法律として，「人の健康に係る公害犯罪の処罰に関する法律」が1971年7月に施行されている。この法律では，故意犯（第2条）は，工場または事業場における事業活動に伴って人の健康を害する物質を排出し，公衆の生命または身体に危険を生じさせた者は，3年以下の懲役または300万円以下の罰金に，人を死傷させた者は，7年以下の懲役または500万円以下の罰金に処するとなっている。過失犯は，業務上必要な注意を怠り，工場または事業場における事業活動に伴って人の健康を害する物質を排出し，公衆の生命または身体に危険を生じさせた者に対して，2年以下の懲役もしくは禁錮または200万円以下の罰金に，人を死傷させた者は，5年以下の懲役もしくは禁錮または300万円以下の罰金に処するとなっている。また，第4条では，両罰規定が定められている（関連判例は，第**4**章**4.1.5**「事故による汚染対策」参照）。第5条では，「工場又は事業場における事業活動に伴い，当該排出のみによつても公衆の生命又は身

体に危険が生じうる程度に人の健康を害する物質を排出した者がある場合にお
いて，その排出によりそのような危険が生じうる地域内に同種の物質による公
衆の生命又は身体の危険が生じているときは，その危険は，その者の排出した
物質によつて生じたものと推定する。」と推定で有罪とする規定が定められて
いる。

（3）　共同不法行為

ばい煙（イオウ酸化物含有）によるアレルギー被害（閉息性肺疾患）を及ぼした
四日市ぜん息事件（津地裁四日市支判昭和47年 7 月24日・判時696号15頁）では，複
数の企業から排出された汚染物質が被害の原因となった（共同不法行為［民法第
719条]）。被害の発生に関して，複数の企業がそれぞれにどのくらい寄与して
いるのかを決めることは難しく，判決では汚染に関連性がある企業 6 社に被害
の責任を負わせた。本公害は，三重県四日市市磯津地区に三菱モンサント他 6
社のコンビナートが本格的操業に入った1958年から1960年頃に閉息性肺疾患が
多発したものであるが，判決では発生源が広く複合的なことから因果関係の証
明に疫学等の統計手法が採用されていることが注目される。疫学調査は，イタ
イイタイ病事件判決（名古屋高裁金沢支判昭和47年 8 月 9 日・判時674号25頁）でも
利用されている。近年では，電磁場による発ガン性の原因研究にも利用されて
いる。

環境ホルモン汚染などは，生活の中で様々な経路から生体に侵入してくるこ
とが予想され，対象となる汚染物質も膨大にある。四日市ぜん息のように汚染

表 2 - 2 - 3 　再発防止および被害者救済の限界

科学的に因果関係が立証された汚染以外は対策が困難
①発病まで長期間を要するもの
発ガン性，催奇性
②関連性がない（低い）複数の加害者によるもの
内分泌撹乱物質，地球的規模の環境変化による
被害など
複数の要因が重なって発病するもの

に関わった企業が複数になると考えられる。さらに，被害が発生するまで長期間を要することや他の病気などとの関係が不明確なことから，汚染被害を自分で確認することも不可能である。今後，疫学調査の積み重ね等科学的知見に基づく原因特定，または何らかの未然防止など解決策が必要である（表2-2-3参照）。

（4）　鉱業法第109条（無過失責任）

現在，産業用に約10万種類の化学物質が生産されており，そのうち約1500物質（全生産量の95％）が各種産業で頻繁に使用されている。鉱山から掘り出された鉱物は，精錬され様々な形で，人間活動の中に拡散されている。富山県神通川では，上流（高原川）にあった製錬所からカドミウムを含んだ廃水が大正から昭和20年代まで放流され，下流の水田などの土壌に蓄積した。カドミウムは食物濃縮された後人間に摂取され，公害病であるイタイイタイ病を発生させた（図2-2-1参照）。

イタイイタイ病事件（名古屋高裁金沢支判昭和47年8月9日・判時674号25頁）は，鉱業法第109条に基づく，無過失責任のもとでの訴訟であったため，被告企業である三井金属鉱業株式会社神岡鉱業所が排出したカドミウムが原因物質であったかどうかが中心に争われた。判決では，「およそ，公害訴訟における因果関係の存否を判断するに当たっては，企業活動に伴って発生する大気汚染，水質汚濁等による被害は空間的にも広く，時間的にも長く隔たった不特定多数の広範囲に及ぶことが多いことに鑑み，臨床医学や病理学の側面からの検討のみによっては因果関係の解明が十分達せられな

図2-2-1　神岡鉱山（神岡鉱業所）
［イタイイタイ病］（2002.8）
山間地域に立地している。亜鉛（Zn）など工業に重要な化学物質（鉱物）を採掘していたが，副産物として多量のカドミウム（Cd）も発生し，その漏洩が環境汚染（土壌汚染，河川の汚染）となりイタイイタイ病を発生させた。

い場合においても，疫学を活用していわゆる疫学的因果関係が証明された場合には原因物質が証明されたものとして，法的因果関係も存在するものと解するのが相当である」と示され，疫学調査結果が因果関係の証明となりうることが認められた。

鉱業法第109条（賠償義務）
鉱物の掘採のための掘さく，坑水若しくは廃水の放流，捨石若しくは鉱さいのたい積又は鉱煙の排出によって他人に損害を与えたときは，損害の発生の時における当該鉱区の鉱業権者が，損害の発生の時既に鉱業権が消滅しているときは，鉱業権の消滅の時における当該鉱区の鉱業権者が，その損害を賠償する責に任ずる。

2.2.3　ローマクラブ『成長の限界』----------------------------

　ローマクラブは，世界各国の科学者，経済学者，教育者，経営者などで構成され（政府の公職にある人は含まれない），人類の未来の課題として，爆発的な人口増加，資源枯渇・環境問題，軍事技術の大規模な破壊力の脅威に対して人類として可能な回避の道を探索することを目的としており，1968年にローマで初回会合を開催した（正式には1970年3月にスイス法人として設立された民間組織：本部はイタリア）。『成長の限界』（1972年出版）は，ローマクラブがMIT（Massachusetts Institute of Technology）に研究を委託し，その成果をまとめたものである。この研究の目的は，「われわれが住んでいるこの世界というシステムの限界と，これが人口と人間活動に対して課する制約について見通しを得ること」と「世界システムの長期的動向に影響を与える支配的な諸要因と，それらの間の相互作用を見出すこと」である。当該書籍においてローマクラブは，次の見解を述べている。

①　世界環境の量的限界と行き過ぎた成長による悲劇的結末を認識することが必要である，
②　開発途上国が先進国に対して相対的に向上することが必要である，
③　環境悪化の悪循環を断ち切るには技術的解決のみではできない，など。
この見解は，この後の国際的な環境問題の議論の中心の1つとなったもので

極めて先進的な問題提起であったといえる。しかし，横断的で具体的な解決策を見出せなかったため，資源生産性の向上の面からの検討を1995年に，ドイツ・ノルトラインウェストファーレン州立ヴッパータール研究所に要請した。その結果，経済成長を保ちつつ，資源生産性を4倍向上させることが可能であるという「ファクター4」の考え方が誕生している。

2.2.4 国連人間環境会議 --------------------------------------

（1）　公害問題の解決

　先進各国で人間の健康に顕著に影響を示す公害が，1960年代から社会的に大きな問題となり，公害対策を専門に行う行政機関が設立された。次に主要国のその設立の経過を示す。

①　1967年　スウェーデン環境保護庁

②　1970年　米国環境保護庁

　　　　　　※　米国では，1969年にカリフォルニア州サンタバーバラ沖の海上石油基地から1カ月以上原油が流出する油濁汚染事故が発生し，これがインセンティブとなり国家環境政策法（National Environmental Policy Act：以下，NEPAとする）が1969年に制定された。同時に，環境保護を行う専門行政機関が必要となったため，米国保護庁（U. S. EPA：Environmental Protection Agency）が設立された。なお，NEPAは，環境アセスメントを世界ではじめて取り入れた内容となっている。

③　1971年　フランス環境省

④　1971年　日本：厚生省から公害保健関係や自然保護関係の部門が独立し環境庁設置（1967年8月に公害対策基本法が成立）

　このような背景もあって，先進諸国の急速な経済社会活動の進展に伴う環境負荷の急激な増大は，開発に対する公害防止の意識を国際的に高めた。その結果，公害対策における国際的コンセンサスを得ることを目的として，国連が中心となって1972年に国連人間環境会議（United Nations Conference on the Human Environment [UNCHE]）がスウェーデン・ストックホルムで開催された。この

会議では，環境保護のための国際的対応の共通原則を取り決めた「人間環境宣言」（ストックホルム宣言）が採択され，公害問題に対処するための国際的な姿勢が示された。

また，この会議を記念して6月5日が「世界環境の日」と定められ，わが国の環境基本法第10条においても「環境の日」と規定されている。この会議のスローガンとして使われた「かけがえのない地球」（"Only One Earth"）という言葉や，われわれのすむ地球が有限であることを示した「宇宙船地球号（"Spaceship Earth"）」という表現は国際的に広がった。

人間環境宣言では，「環境保護のための国際的対応の共通原則」として次が示されている。

「人は，環境の創造物であると同時に環境の形成者である。環境は，人間の生存を支えるとともに，知的，道徳的，社会的，精神的な成長の機会を与えている。地球上での人類の苦難にみちた長い進化の過程で，人は科学技術の加速度的な進歩により，自らの環境を無数の方法と前例のない規模で変革する力を得る段階に達した。自然のままの環境と人によって作られた環境は，ともに人間の福祉，基本的人権，ひいては，生存権そのものの享受のために基本的に重要である。」

このように，「科学技術による変革」を，「人によって作られた環境」と肯定的に位置づけ，自然環境との共生の必要性を述べている。最終センテンスでは，人の生存のため環境を享受する権利が示されており，人間の「環境（自然）に関する権利」がすでに定められている。

（2）　先進国と開発途上国の格差

国連人間環境会議で，もう1つの重要な論点は，「開発が環境破壊を引き起こすことを懸念する先進国と，未開発や貧困等が最も重要な人間環境の問題であるとする開発途上国とが対立した」ことである。開発途上国は，開発を推し進めるために世界銀行（World Bank）やIFC（International Finance Corporation：国際金融公社）などから巨額の融資を受け，道路や港，空港などインフラストラクチャーを整備したが，莫大な負債と利子返済で経済的な窮地に陥ってし

まっている。そもそも，大きな経済格差があることから利子返済だけでも極め
て厳しいことは融資前から明白であり，先進諸国の行為自体疑問である。利子
の返済のためにコーヒー豆など食料とはならない換金作物を作らなければ，開
発途上国の生活が成り立たなくなっており，飢餓で苦しんでいる国が先進国の
要求する（購入する）果物などの作物を輸出しているという社会的矛盾が発生
している。さらに，開発途上国に建設されたインフラストラクチャーは，開発
途上国から先進国への資源の移動を容易にさせており，環境破壊および資源枯
渇を急激に加速させている。

　わたしたちは，日本では栽培していないコーヒーを毎日飲み，熱帯で産出す
る果実を食べている。身の回りにある金属製品の多くは，途上国の地下深くか
ら掘り出されたものである。家庭やオフィスに大量にある木材は，途上国から
運ばれてきたものである。わたしたちの生活で，開発途上国の資源が膨大に消
費されていることを理解しなければならない。

　「人間環境宣言．4」では，開発途上国の主張への配慮として，「……開発途
上国は，開発の優先順位と環境の保全，改善の必要性を念頭において，その努
力を開発に向けなければならない。同じ目的のために先進工業国は，自らと開
発途上国との間の格差を縮めるよう努めなければならない。」と述べられてお
り，先進国と開発途上国の格差を縮めることが特別に定められている。

　WHO（World Health Organization）の資料（1995年）である「先進国と途上国
の死亡原因の割合」に示されたデータでは，途上国の死因の約40％が「伝染病・
寄生虫性の病気」，約8％が「出産前後の新生児側の原因」となっているが，
先進国では，いずれも約1％程度である。先進国と開発途上国は，死亡の原因
だけでもまったく異なる傾向を示しており，格差を縮めることの重要性が理解
できる。

（3）　国連環境計画の設立

　国連人間環境会議で採択された「人間環境宣言」や「環境国際行動計画」を
実施するために，国連環境計画（United Nations Environment Programme：以下，
UNEPとする）が創設された。UNEPは，このあと国際連合で国際的環境保全活

動の中心的役割を持つこととなった。本部は，ケニア共和国の首都ナイロビに
置かれ，最高意思決定機関である管理理事会は，58カ国の理事国（4年任期で
国連総会で選出）で形成されている。

　地域事務所は，アフリカ，中南米，西アジア，ヨーロッパ，北アメリカ，ア
ジア太平洋の各地域にある。日本には，国際環境技術センター（International
Environmental Technology Centre[IETC]）が，大阪府と滋賀県に設置されている。

　また，UNEPでは，「国連人間環境会議（1972年6月）」以後，多くの国際的
な環境保全の検討を主催しており，主なものを取り上げると，「ナイロビ会議
（1982年5月）ケニア共和国　ナイロビ」，「国連環境と開発に関する会議：リオ
会議（1992年6月）ブラジル　リオデジャネイロ」，「リオプラス10（2002年9月）
南アフリカ共和国　ヨハネスブルグ」などがある。

　ナイロビ会議は，国際連合人間環境会議の10周年を記念して，1982年5月10
日から18日まで開催され，ナイロビ宣言（1982年5月18日）が採択された。宣言
では，「環境に対する脅威は，浪費的な消費形態のほか貧困によっても増大す
る」と現在の大量消費への懸念および開発途上国の問題も指摘している。

2.2.5 汚染者負担の原則 --

（1） OECD勧告

　特定の者の行為によって発生する環境汚染や環境破壊の防止対策・改善費用
を国または地方公共団体が支出するのは，社会的な不公平が生じる。汚染原因
者が責任を持つことが必要である。1972年にOECD（経済協力開発機構：
Organization for Economic Cooperation and Development）環境委員会では，環境汚
染・環境破壊を防止する費用，修復費用は，原因者が支払うべきであることを
定めた「汚染者負担の原則（PPPとも呼ばれる）」（Polluter Pays Principle [PPP]）
を環境政策の指針原則として採択した。この原則は，OECDから「環境政策の
国際経済面に関する指導原理」の勧告として公表されている。その後，1974年
には，「汚染者負担原則の実施に関する理事会勧告」が公表され，環境政策の
国際的な考え方として定着した。

（2）　概念の拡大

　そもそも「汚染者負担」とは，エコダンピングによって商品コストの国際競争力が不公平となったり，また，公害防止設備への公的な減免税措置や補助金が国力の違いによって異なっていることなどを，政策的に是正し公平な国際競争力の確保を目指しているものである。この原則により，公害防止費用など汚染者が自ら費用負担する原則を国際的に規則化された。わが国では，この概念を広範囲にとらえており，汚染被害の事後対策である健康被害者の救済のための費用を汚染原因者に負担させることも含ませている。例えば前述の4大公害の損害賠償金や「公害健康被害の補償等に関する法律」（施行1974年9月：以下，公健法とする）では，汚染者の汚染負担が行われている。また，「廃棄物の処理及び清掃に関する法律」では，汚染者の原状回復措置規定が定められている。ただし，損害賠償を実施するために倒産のおそれがある企業は，国や地方公共団体が融資や県債発行など援助を受けていることも事実であり，明確な汚染者負担とはなっていないのが現状である。

　特に，環境汚染対策を経済的に誘導する際には，特定な業種への減税や低利融資などが行われており，「汚染者負担の原則」との競合が問題となる。特に，地球温暖化原因物質である二酸化炭素の排出を抑制するには経済的誘導政策が不可欠であり，今後，汚染者負担との関わりを十分検討する必要がある。汚染原因と被害の因果関係がほぼ明白であっても，多くの汚染者が存在している場合は，汚染者を特定することは極めて困難である。

　公健法では，イタイイタイ病や水俣病のような疾病（特異疾患）が多発している地域は第二種地域として，ぜん息や肺気腫など非特異疾病が多発している地域は第一種地域として被害者への補償給付による救済が行われている。給付の財源は，「大気汚染防止法」（第一種および第二種），「水質汚濁防止法」（第二種）の特定施設設置事業者から汚染負荷量賦課金（第一種）［第52条〜第61条］および特定賦課金（第二種）［第62条〜第67条］として徴収される。なお，自動車など移動発生源もNO_xなど大気汚染の原因となっているため，自動車重量税から当該財源へ支出されている。

　また，「公害防止事業費事業者負担法」（1971年施行）では，事業者の事業活

動による公害を防止するために国または地方公共団体が実施する「公害防止事業」について，事業者にその費用の全部または一部の負担を義務づけている（第2条2項）。費用を負担させる事業者の範囲は，当該公害防止事業に係る地域において当該公害防止事業に係る公害の原因となる事業活動を行い，または行うことが確実と認められる事業者となっている（第3条）。この法律は，汚染者負担の原則を包括的に遵守しているといえる。

　EPR（拡大生産者責任）を汚染者負担の原則の延長としてとらえる場合があるが，EPRは，LCA（Life Cycle Assessment）を踏まえた上で，企業の環境戦略として取り組むべきもので，国際競争力の公平さを保つことを目的とする汚染者負担の原則とは，視点が異なる。したがって，この2つの概念を，比較することは無意味である。

（3）　不公平な行政コスト

　田子の浦ヘドロ訴訟（最判昭和57年7月13日・民集36巻6号970頁）では，特定の企業が発生させた公害被害（田子の浦海底に堆積したヘドロ）を，地方公共団体が1億2000万円あまりの県費を費やし原状回復したことについて，住民訴訟による損害賠償の代位請求が争われた。紙・パルプ工場4社の排水によって，田子の浦港にヘドロが堆積し汚染が発生したという事実から，汚染者は，明らかに紙・パルプ工場である。ゆえに「汚染者負担の原則」に従うと，原状回復義務は，紙・パルプ工場4社である。原告である静岡県の住民は，ヘドロの堆積の原因となった被告（以下，汚染者とする）とこれを黙認してきた県知事をはじめとする県当局の責任の追及を目的として，地方自治法第242条に基づく住民監査請求を経た後，次の住民訴訟を提起した。

① 　県知事が汚染者4社による汚水の河川への排出とその田子の浦港への流入を停止させる措置を「怠る事実」の違法性確認の請求（地方自治法第242条の2第1項3号）

② 　浚渫事業のために違法に県費を支出したことを理由とする県知事個人に対する県に代位する1000万円の損害賠償請求（同4号）

③ 　汚水排水という不法行為を理由とする汚染者4社に対する県に代位する

1000万円の損害賠償請求（同 4 号）

④　汚染者 4 社に対する県に代位する田子の浦港への汚水排出差止請求（同
　4 号）

一審では，①は請求を却下，②，③および④は棄却，原告が控訴した二審
は，①と④は不適法とし，②は控訴棄却としたが，③については，損害賠償を
命じた。汚染者 4 社が，③について上告し，破棄差戻しとなった。その理由
で，「公物管理権者において，行政上の見地から，諸般の具体的事情を検討し，
行政裁量により特別の支出措置を講ずることが許されることもあると解するの
が相当である。」と述べており，明確な汚染者が存在しても，わが国では，行
政による支出による原状回復実施（裁量）が合法とみなされるということにな
る。曖昧な汚染者責任，および曖昧な監視責任を認めた当該判決は，極めて疑
問である。

紙ゴミなど事業系一般廃棄物は，産業廃棄物であるが，一般廃棄物処理場に
余裕がある場合，一般廃棄物（家庭からの廃棄物）と一緒に収集・処理されるこ
とが一般化している。これも，汚染者負担の原則が守られていない例といえよ
う。近年ようやく，事業系一般廃棄物の有料化が実施されつつあるが，違法な
慣習は早急に排除し全国統一したシステムとなることが望まれる。

ただし，緊急を要するような環境汚染では，行政が行わなければならない場
合が多々ある。汚染者である企業がすでに倒産してしまったときなど，汚染修
復をするものがいないため行政が何らかの対策を打たなければ，一般公衆に被
害を与えたり，または拡大させてしまう。このような場合は，行政による原状
回復や何らかの対策が行われることは妥当である。

【注】
＊ 1：補償給付の種類等　　健康被害に対する補償のため支給される給付（補償給付）は，
次の通りである（第 3 条）。
　1　療養の給付および療養費，2　障害補償費，3　遺族補償費，4　遺族補償一時金，
　5　児童補償手当，6　療養手当，7　葬祭料。

2.3 国連環境と開発に関する会議以降（1992年〜 ）
——公害対策から地球環境保全

2.3.1 持続可能な開発 --

　1972年の国連人間環境会議から20年が経過し，地球全体まで拡大した環境問題を人類共通の課題と位置づけ，1992年6月にブラジルのリオデジャネイロ（リオセントロ会議場）で，国連環境と開発に関する会議（UN Conference on Environment and Development：以下，UNCEDとする）が政府首脳会議として開催された。この会議の成果として27の原則が定められた「環境と開発に関するリオ宣言」（Rio Declaration on Environment and Development）と21世紀に向けての人類の行動計画（全40章）が定められた「アジェンダ21」（Agenda 21）が採択された。

　アジェンダ21では，21世紀に向けての40章に及ぶ具体的な行動計画が述べられている。各章は分野別に構成され，それぞれに行動の基礎，目標，行動，実施手段または資金・コスト評価が示されている。環境保全上の検討すべき項目は，これらの内容でほぼ網羅されているといえる。

　UNCEDで，主要なテーマとして議論された「持続可能な開発（Sustainable Development：持続可能な発展と訳されることもある）」の概念は，1980年に公表された国際自然保護連合（International Union for Conservation of Nature and Natural Resources [IUNC]），国連環境計画（United Nations Environment Programme [UNEP]），世界自然保護基金（World Wildlife Fund [WWF]）の三者共同での「世界環境戦略（World Conservation Strategy）」で提唱され，国連の開発と環境に関する世界委員会（World Commission on Environment and Development [WCED]）が1987年に公表したブルントラント報告で国際的に広がったものである。当該世界委員会は，1983年に国連総会の要請により「持続的開発を達成し，永続するための長期戦略を提示すること」などを目的として設置されたもので，ブルントラント報告という名称は，当該委員会の議長であるノルウェーの首相グロ・ハーレ

ム・ブルントラント女史の名前か
らとったものである。

　持続可能な開発は，「人類は開
発を持続可能なものにする能力，
すなわち未来世代の欲求を充足す
る能力を脅かすことなく，現在の
欲求を満たすことを保証すること

である。」と定義され，国連人間
環境会議（1972年）以来，対立概

図2-3-1　ドイツ環境省が作成した
環境保護啓発用ビデオ（1992）

念とされていた「環境」と「開発」を密接に結びつけた。これらは，「環境と
開発に関するリオ宣言」の第3，および第4原則の中で示されている。

第3原則　開発の権利は，現在及び将来世代の開発並びに環境上の要求を公平に充
たすことができるように行使されなければならない。
第4原則　持続的な開発を達成するために，環境保護は開発過程の不可分の部分と
ならなければならず，そこから分離して考えることはできないものである。

　また，アジェンダ21の第38章「国際的な機構の整備」に従って，国連総会の
決議で経済社会理事会（Economic and Social Council［ECOSOC］）に持続可能な
開発委員会（Commission on Sustainable Development［CSD］）が設けられ，本行
動計画の国際的な実施状況を把握・推進するために毎年国際会議が開催されて
いる。この委員会は，53カ国の政府代表で構成されている。

　UNCEDは国際的に注目され，これを機に環境問題に対する再認識が世界的
に広がった。ドイツでは，以前は環境省（ボン）が企業の行動を監視し対立し
ていたが，この会議以降方針を改め，企業と協調し環境問題をともに解決して
いくようになった（図2-3-1参照）。ドイツ環境庁（ベルリン）では，企業との
対話の窓口となって，環境技術情報などを公開している。

2.3.2 地球環境関連に関する条約の検討-----------------------

　UNCEDでは，次の2件の国際条約について，多くの国が署名した。

①　「気候変動に関する国際連合枠組み条約」（155カ国）

②　「生物多様性に関する条約」（157カ国）

前者（①）については，第**3**章**3.2.1**で述べる。

後者（②）は，1992年5月に生物多様性の危機に国際的に対処するためにケニアのナイロビで採択され，国連環境と開発に関する会議で署名されたものである。1993年に発効した。わが国での国内法としては，「絶滅のおそれのある野生動植物の譲渡の規制等に関する法律（1987年制定）」および「特殊鳥類の譲渡等の規制に関する法律（1972年制定）」を統合し，1992年に「絶滅のおそれのある野生動植物の種の保存に関する法律」が制定された。関連の条約としては「特に水鳥の生息地として重要な湿地に関する条約／ラムサール条約（1971年）：湿地の保全を規制」や「絶滅のおそれのある野生動植物の種の国際取引に関する条約／ワシントン条約（1973年）：野生動植物の国際的な取引を規制」などがある。

「生物多様性に関する条約」の第1条では，「この条約は，生物の多様性の保全，その構成要素の持続可能な利用及び遺伝資源の利用から生ずる利益の公正かつ衡平な配分をこの条約の関係規定に従って実現することを目的とする。この目的は，特に，遺伝資源の取得の適当な機会の提供及び関連のある技術の適当な移転（これらの提供及び移転は，当該遺伝資源及び当該関連のある技術についてのすべての権利を考慮して行う。）並びに適当な資金供与の方法により達成する。」と述べられている。後半部分は，遺伝子情報の知的財産権について配慮の結果，記述されたと思われる。

生物多様性という用語（第2条）は，「すべての生物（陸上生態系，海洋その他の水界生態系，これらが複合した生態系その他生息又は生育の場のいかんを問わない。）の間の変異性をいうものとし，種内の多様性，種間の多様性及び生態系の多様性を含む。」と定められている。なお，変異性とは，生物個体が，異なる性質や形状を示すことをいう。

多様性を維持するためには，種を保存することが最も重要となるが，現在急激に種が減少していることは，生態系の破壊を進めていることとなり，人間の存在自体を危うくしている。国際自然保護連合では，絶滅のおそれがある野生

生物をリストにした「レッドデータブック」を作成しており，世界で合わせて5000種以上の動物が絶滅のおそれがあるとしている。先進諸国ではさらに詳細なレッドデータブックが作成されており，わが国の環境省では，1991年に，脊椎動物編と無脊椎動物編，1998年には植物編の「レッドデータブック」を発表している。また，各都道府県もレッドデータブックを作成している。

　また，わが国では，「生物多様性の保全及び持続可能な利用に関する施策を総合的かつ計画的に推進することにより，豊かな生物多様性を保全し，その恵沢を将来にわたって享受できる自然と共生する社会を実現し，地球環境の保全に寄与すること」を目的として，「生物多様性基本法」が2008年に制定された。当該基本法では，①生物多様性の保全と利用に関する基本原則，②生物多様性国家戦略の策定，③年次報告として白書の作成，④国が講ずべき基本的施策，⑤地方公共団体，事業者，国民・民間団体の責務，都道府県および市町村による生物多様性地域戦略の策定の努力義務などが定められた。

2.3.3　先進国と途上国 ---

　「環境と開発に関するリオ宣言」では，前文で1972年に開催した国連人間環境会議の宣言を再確認するとともにこれを発展させることを求めた。国連人間環境会議の「人間環境宣言」で，最も重要な項目の1つとされた「先進国と開発途上国の格差を縮めること」は，1992年にはまったく改善されておらず，むしろ悪化している状態だった。その後も改善しているという報告はない。

　図2-3-2に示すように，世界の穀物生産量は，急激に増加し，1人あたりの穀物生産量も増加しているにもかかわらず，世界各地で飢餓が発生している。対して，わが国をはじめ先

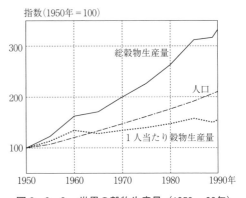

図2-3-2　世界の穀物生産量（1950〜90年）
出典：国連食糧農業機関（Food and Agriculture Organization of the United Nation［FAO］）資料より。

進国では，豊富に輸入された食料の多くを食べ残しなどで無駄にしている。「食品循環資源の再生利用等の促進に関する法律」いわゆる「食品リサイクル法」の目的は，「食品循環資源の再生利用並びに食品廃棄物等の発生の抑制及び減量に関し基本的な事項を定めるとともに，食品関連事業者による食品循環資源の再生利用を促進するための措置を講ずることにより……」と定められており，世界的な状況を鑑みると，廃棄物となる食品の量を減らすことに重点を置くべきであろう。

　他方，廃棄物発生源対策について欧州など国際的に対処が図られており，わが国も2019年5月に食品のロスを総合的に削減することを目的として「食品ロスの削減の推進に関する法律」が制定されている。食品ロスを合理的に削減するにはLCAを行い，需要と供給を分析し，食品供給の面から調整する必要がある。例えば，近年の畜産業における飼料は大量の農作物が使われており，肉類の廃棄は大量の農作物を無駄にすることとなる。また，製造者及び販売者で，食品衛生保持を踏まえて効率的な消費対処も重要である。

　UNCEDでは，開発途上国から経済格差に関する多くの主張が示され，先進国と激しい議論が繰り広げられた。

　開発途上国から先進国への不満として述べられたものには，環境設備は極めて高額であり，経済格差の面から高い技術水準の環境保護対策を自国では実行できないこと，また開発途上国で採掘・生産された自然資源は先進国が多量に消費していることから，地球的な環境問題は，先進国の高い自然消費率が引き起こしていることなどがある。他方，開発途上国にとって先進国のライフスタイルは魅力的な目標であり，経済発展が阻害されることも問題としている。わが国でも米国のような豊富な物質に囲まれる生活に憧れを持ち，経済的繁栄を優先する人は少なくない。このプライオリティが，世界的にみても同様の傾向であることは事実であり，現在の環境問題解決のためのジレンマそのものであろう。

　対して，先進国が開発途上国に対して問題点としていることは，熱帯雨林の伐採など自然の破壊が行われており，二酸化炭素排出による地球温暖化など地球環境問題が進んでしまっていることや，産業が環境保護を怠っているため生

産コストが安い（不正な市場競争力を持っている）製品を輸出し，環境ダンピングが行われていることなどである。

　この議論の結果は，リオ宣言の第7原則の中で，「各国は共通だが差異ある責任を有する」と謳われ，先進国に特別に加えられた責任を定めている。この考え方は，気候変動に関する国際連合枠組み条約における京都メカニズム（京都議定書）に取り入れられている（第**3**章**3.2.1**参照）。

　UNCEDから10年が経過した2002年9月には，「アジェンダ21」や「環境と開発に関するリオ宣言」に基づく国際的な進捗状況の点検評価を目的として，南アフリカ共和国ヨハネスブルグで国際会議「リオプラス10」が開かれた。

　この会議では，人口問題，大気汚染問題，開発途上国への支援（資金援助），技術移転が中心に議論され，今後10年の指針が検討された。この時に「地球温暖化条約京都議定書（COP3）」の発効宣言も計画されていたが，ロシアが当該条約への批准を行わなかったため不可能となった。

　また，先進国と開発途上国の対立だけではなく，先進国間の対立も表面化してきた。再生可能エネルギー普及等を促進し極めて積極的に進めているEU，エネルギー産業等を保護し自国の経済を優先する米国，エネルギー不足問題の解決や産業への他の先進国からの経済協力等投資を促進させたいロシア，および急激な経済成長を背景に膨大な資源が必要な中国など諸外国のまったく異なる政策方針が混在し，環境問題解決に関する具体的なコンセンサスを得ることは，極めて困難な状況であった。

2.3.4　国連持続可能な開発会議

　1992年のUNCEDから20年の節目の2012年に，再度ブラジル・リオデジャネイロで「国連持続可能な開発会議（United Nations Conference on Sustainable Development：以下，UNCSDとする）」が開催された。

　この会議で，経済，社会，環境の3つの側面で検討，および調整が必要であることについて国際的なコンセンサスが得られた。また，経済と社会から環境が議論され，具体的には，「持続可能な開発及び貧困根絶の文脈におけるグリーン経済（グリーン経済）」が中心に議論された。なお，本会議では，企業活動に

おいて環境，経済で効率的であること（環境効率性）を提案・推進している
WBCSD（The World Business Council for Sustainable Development：持続可能な発展
のための世界経済人会議）が協力している。[*1]

　また，人類の持続可能な開発に向けての目標を作成することについても国際
的なコンセンサスが得られ，2015年に持続可能な開発のための目標（Sustainable
Development Goals：SDGs）が国連で採択された。この目標は，2001年から2015
年を目標に実施されたミレニアム開発目標（Millennium Development Goals：
MDGs／社会福祉が中心）の後継としての位置づけで，2016年から2030年に向け
ての17の項目（169の内容）が示された。

　他方，2016年に開催されたG20中国・広州サミットから環境事業を金融面か
ら促進するためにグリーンファイナンスが国際的に注目され，グリーンボンド
が各国で発行されている。ISOでも規格化が実施された。企業では，ESG
（Environment, Social, Governance）を視点とした環境経営が進められるようになっ
た。

　しかし，わが国やブータンなどが新たに提案していたGDP（Gross Domestic
Product）に変わる豊かさの指標である「幸福度」に関する記述は，採択文書か
ら削除された。[*2] これは，開発途上国が経済成長の足かせになりかねないことを
懸念し，それに配慮したためである。本会議においても先進国と開発途上国と
の確執は広がり，中国等工業新興国が開発途上国と協力し，混沌とした状況と
なった。

【注】
＊1：WBCSDが提唱する環境効率性の指標は，設立当時（BCSD：Business Council for
Sustainable Development）［1990］に示された「環境効率＝製品またはサービスの価値（量）
／環境負荷［環境影響］（量）」に基づいている。なお，1995年にWICE（World Industry
Council for the Environment：世界環境産業協議会／ICC［International Chamber of
Commerce：国際商業会議所］が設立）とBCSDが併合し，WBCSDとなっている。
＊2：他方，国連開発計画（United Nations Development Program［UNDP］）では，1990
年から『人間開発報告書（Human Development Report［HDR］）』を発刊している。「人間
開発」の概念は，社会の豊かさや進歩を測るのに，経済指標だけでなく，これまで数字と
して現れなかった側面も考慮に入れようとしている。基本的な物質的・経済的豊かさに加

え，①教育を受け文化的活動に参加できること，②バランスのよい食事がとれて健康で長生きできること，③犯罪や暴力のない安全な生活が送れること，④自由に政治的・文化的活動ができて自由に意見が言えること，⑤社会の一員として認められ，自尊心を持てること，これらが揃って真の意味の「豊かさ」が実現できるという考え方である。

　この進捗状況の指標として，人間開発指数（HumanDevelopment Index：以下，HDIとする）が提案されており，各国の人間開発の度合いを測る新たな包括的な経済社会指標となっている。HDIは各国の達成度を，①長寿，②知識，③人間らしい生活水準の3つの分野について測ったもので，0と1の間の数値で表される。評価値が1に近いほど，個人の基本的選択肢が広く，人間開発が進んでいることになる。国民総生産（GNP）や国内総生産（GDP）は単にその国の所得がどのくらいあるかを示すものであり，所得がどのように分配されているかは不明で，国民の健康や教育に使われているのか，あるいは軍備のためなのかはわからないため，人の豊かさの異なる指標として生み出されたものである。

第**3**章
資源利用の効率化

3.1 廃棄物処理から循環型社会システムへ

3.1.1 廃棄物処理 ---

（1） 物質社会の矛盾と改善点

　廃棄物処理は，当初は大量生産による大量消費で発生する大量な廃棄物が問題となり，中間処理として減容化，減量化が可能な焼却処理が進められ次々と大型化されていった（図3-1-1参照）。

　その後，その最終残渣の発生が多量なことが問題となり，建設用のブロックなどに加工するマテリアルリサイクルも進められた。その結果，廃棄物処理技術の発展により大量消費が可能となり，経済の成長に伴い拡大する廃棄物処理市場が安定的に作られていった。ただし，廃棄物処理業者には，適正な処理を行うところと違法な処理で低コストで行うところが存在する。環境汚染防止の意義が理解できないメーカーは，経費節約などを目的

図3-1-1　産業廃棄物の中間処理施設（焼却施設）
　写真中央にある塔は，中和処理を行うための装置で汚染を防止している。

として違法な業者に処理処分を委託してしまい，廃棄物による汚染が発生した。廃棄物処理は，必要な経費であるにもかかわらず，目の前から消えてしまうことのみを優先してしまうと不法投棄や環境汚染を助長することとなる。これは，事業所からの廃棄物である産業廃棄物だけの問題ではなく，一般公衆の廃棄物である一般廃棄物も同様である。

　廃棄物処理には，膨大な費用（一般廃棄物は，2017年度の総排出量が4,289万トン［前年度4,317万トン］，最終処分量が386万トン［最終処分場残余年数21.8年]）で，ごみ処理事業経費は1兆9745億円（そのうち処理・維持管理費が1兆5038億円である。引用：環境省2019年発表資料より）と大きな市場が形成されている。しかし，廃棄物処理場は，迷惑施設扱いされる場合が多く，NIMBY[*1]が問題となることもある。また，大量生産による製品の市場拡大は，環境効率が上昇しない限り，必要とされる最終処分場容量も増大させる（図3-1-2参照）。産業廃棄物処分場残容量に関しては，処分場費用との関係が深いため，営業上の理由から正確な数値を得ることは難しい[*2]。

　消費拡大を優先する社会は，資源が有限であることと，有限の空間で人類が生存していることをまったく無視しており，発展ではなく破綻へ向かっての暴走にすぎない。過去の経済や経営学の欠缺である。このことを，未だに理解していない者も極めて多い。

　リサイクルやリユースなど資源循環社会がある程度構築できれば，資源の枯渇は先延ばしすることができ，物質の空間的拡散は抑えることは可能である。しかし，未だに大量焼却処理や大量埋め立て処分ができる技術が開発されており，資源の枯渇は一層進んでいる。地下から掘り出された物質の放出による地球上の物質バランスも取り返しがつかないくらいの変化を生じ始めている。

図3-1-2　産業廃棄物最終処分場(埋め立て地)
　露天掘りをした鉱山跡地が廃棄物の埋め立て地となることが多い。

　当面は，経済成長とは逆行する可能性が高い「物の長寿命化」や「省エネルギー・省資源化」,「リユース，リサイクル」などの視点を持った製品のライフサイクル評価に基づく開発（環境効率の向上）が必要である。しかし，何らかの直接的な規制や経済的な誘導を伴った法政策がなければ推し進めていくことは難しいだろう。

　再生可能な資源や循環型社会システムが構築できれば，資源消費の考え方が根本的に改善され，さらに資源生産性が重要視されれば経済成長と相反することもなくなるだろう。

　しかし，一般公衆のマナーに関わるタバコやゴミのポイ捨てを削減することは困難である。わが国では1990年代より条例等で規制している地方自治体が多いが，全国的に取り組むべき問題と考えられることから法令を制定すべきであろう。

（2）「廃棄物の処理及び清掃に関する法律」

　1970年に「清掃法」（1954年制定）が全面改正され，「廃棄物の処理及び清掃に関する法律」（短縮形では，廃掃法または廃棄物処理法と表される／本書では，以下，廃掃法とする）を制定し，1971年に同法が施行された。当該法律が，わが国の廃棄物の処理処分に関する中心的な規制となっている。

　この改正時に，現在の廃棄物の重要な分類となっている「産業廃棄物」と「一般廃棄物」が区分され，処理処分主体も一般廃棄物は，市町村，産業廃棄物は，排出事業者であることが定められている。

　有害廃棄物の処理など高額の費用を必要とするものは，不法投棄等違法な処理が行われることが多く，暴力団等が関与する場合も多い。廃掃法では，適切な処理処分を促進するために改正の度に規制が強化されている。

　また，廃棄物排出者が排出した廃棄物が最終処分（一般的には埋め立て処分）まで適正な処理・処分がなされたかどうかを確認するためにマニフェスト制度がある。この制度は米国の資源保全再生法（Resource Conservation and Recovery Act ［RCRA］）で行われていた制度をわが国に導入したもので，廃棄物排出者が発効したマニフェスト票について廃棄物の移動と処理・処分を実施した事業

者ごとにチェックを行っていくものである。不法投棄を防止するためのシステムとして有効に機能している。行政への届出も必要であり，虚偽記載・登録や電子マニフェストおよび紙マニフェストの交付を行わない場合は，6カ月以下の懲役または50万円以下の罰則となっている。

（3）　産業廃棄物と一般廃棄物

　わが国の廃棄物処理の最大の特徴は，事業所から排出された廃棄物は産業廃棄物とし，一般公衆から排出されたものを一般廃棄物として，2つに分類していることである。

　産業廃棄物の処理責務については，法第3条1項で「事業者は，その事業活動に伴つて生じた廃棄物を自らの責任において適正に処理しなければならない。」としている。また，2項ではLCAに基づいて廃棄物の減量，リユース，リサイクルおよび適正処理を実施しなければならないことが定められている。一方，一般廃棄物の処理責務に関しては，法第4条1項で「市町村は，その区域内における一般廃棄物の減量に関し住民の自主的な活動の促進を図り，及び一般廃棄物の適正な処理に必要な措置を講ずるよう努めるとともに，一般廃棄物の処理に関する事業の実施に当たっては，職員の資質の向上，施設の整備及び作業方法の改善を図る等その能率的な運営に努めなければならない。」としている。しかし，産業廃棄物と違って，収集運搬，中間処理および最終処分までについて市町村に明確な責任を義務づけているものではない。

　一方，事業所の事務所などから発生する書類の紙ゴミなど事業系廃棄物（一般的に事業系一般廃棄物と呼ばれる）は，上記法第3条1項の規定に従うと，事業活動に伴って生じたものなので産業廃棄物と定義することができる。しかし，実際には事業系一般廃棄物と一般廃棄物（一般的には家庭系一般廃棄物と呼ばれる）を一緒に処理している場合が多い。この理由は，膨大な数の事業所から排出されるゴミと家庭からのゴミとが見分けがつかないためである。また，上記法第4条1項規定の「一般廃棄物の適正な処理に必要な措置を講ずるよう努める」を考慮すると一緒に処理した方が合理的であると考えられているためである。なお，近年，最終処分場が逼迫してきたことや事業系一般廃棄物の比

率が高まってきたことから，事業系一般廃棄物の有料化を実施する市町村が増加してきている。

すなわち，紙ゴミなど事務所から発生する産業廃棄物のうち家庭系一般廃棄物と見分けがつかないものは，処理責任を免れている場合が多く，不公平に行政コストが費やされていることとなる。一般廃棄物と産業廃棄物の区分を法律で詳細に明確化するか，または廃棄物を２つに分類すること自体を止め処理を一本化して合理的な処理システムとなることが望まれる。燃焼処理工程では，高カロリーの産業廃棄物と低カロリーの一般廃棄物を混焼することで効率的なコントロールが図れることもある。新エネルギーとして利用することなども含め，合理的な処理・処分のために不明確な部分は改善する必要がある。

わが国の産業廃棄物は，年間４億トン程度排出されているとされるが，実際には一般廃棄物と一緒に処理されている事業系一般廃棄物を含めるとさらに増加する。一般廃棄物は，年間約４〜５千万トン程度排出されているが，逆に事業系一般廃棄物の部分を差し引く必要がある。その差引き分の行政コストが削減され，産業廃棄物処理コストは増加する。

1997年１月に発表された「ゴミ処理に係るダイオキシン類発生防止等ガイドライン」では，都市ゴミの焼却施設は，１日の処理能力が100トン以上の規模の連続焼却炉が望ましいとされたが，過疎地帯など地方では当該量（一般廃棄物）の収集は困難である。そもそも廃棄物は，広域処理組合方式で，大量収集を計画していることから考えても産業廃棄物と一般廃棄物の混合処理の方が合理的なことは自明である。

（4） 廃棄物の分類

廃棄物の定義に関しては，廃掃法第２条１項で，ごみ，粗大ごみ，燃え殻，汚泥，ふん尿，廃油，廃酸，廃アルカリ，動物の死体その他の汚物または不要物であって，固形状または液状のもの（放射性物質およびこれによって汚染された物を除く）としており，２項で「一般廃棄物」とは，産業廃棄物以外の廃棄物としている。

産業廃棄物とは，廃掃法第２条４項１号に基づき，事業活動で伴って生じた

廃棄物のうち法施行令第2条で定めている，「1．紙くず，2．木くず，3．繊維くず，4．食料品製造業，医薬品製造業又は香料製造業において原料として使用した動物又は植物に係る固形状の不要物，5．ゴムくず，6．金属くず，7．ガラスくず，コンクリートくず及び陶磁器くず，8．鉱さい，9．工作物の新築，改築又は除去に伴って生じたコンクリートの破片その他これに類する不要物，10．動物のふん尿，11．動物の死体，12．ばいじん，13．燃え殻，14．汚泥，15．廃油，16．廃酸，17．廃アルカリ，18．廃プラスチック，及び19．前記産業廃棄物を処分するために処理したもの」，ならびに2号で定めている「輸入された廃棄物」のことをいう。

（5）　廃棄物と商品の異なる点

「廃棄物」と「有用なもの」との分類の定義は，1971年10月の廃掃法を運用するために厚生省（当時）から自治体へ通知した留意事項がその判断基準として現在も使用されている。その内容は，「廃棄物とは，占有者が自ら利用し，または他人に有償で売却することができないために不要になったもの」で「占有者の意志，その性状等を総合的に勘案すべきものであって，排出された時点で客観的に廃棄物として観念できるものではない」となっている。現在では，「有価物か無価物か」が，廃棄物の判断基準となってる。この分類は明確化する必要がある。しかし，廃棄物がリサイクルによって資源や商品になっていることから考えて，この分類自体の存在が無意味になってきているともいえる。

（6）　合理的な処理処分のための新たな制度

①　広域再生利用指定制度

産業廃棄物は，首都圏等製造業が集中している地域から廃棄物処理・処分のために遠方へ移動している場合が多く，リサイクルの際も同様に広い地域から特定地域に移動させ集中的に集めた方が合理的であることは当然である。また，リサイクル処理後に発生する残渣も少なくない。

広域再生利用指定制度は，物の製造，加工等を行う者（製造事業者）がその製品等の販売地点までの広域的な運搬システム等を活用して，当該製品等が産

業廃棄物となった場合にその再生利用を容易に行えるようにするために設けられたものである。具体的には，広域的に処理することが適当なものであり，かつ再生利用の目的となる産業廃棄物を環境大臣が指定し，これを適正に処理することが確実であるとして環境大臣の指定を受けた者について，個別に都道府県知事等の許可を取得することなく指定された産業廃棄物を取り扱うことが可能となる（廃掃法第14条1項および4項，規則第9条3号および第10条の3第3号）。

②　溶融固化

1998年3月に厚生省（現厚生労働省）生活衛生局水道環境部長から各都道府県知事・政令市市長宛てに通知された「一般廃棄物の溶融固化物の再生利用の実施の促進について」（平成10年3月26日付け生衛発第508号）では，溶融固化技術の普及による一般廃棄物の減量化が図られている。溶融固化とは，「一般廃棄物の溶融固化物の再生利用に関する指針」によると「燃焼熱や電気から得られた熱エネルギー等により，焼却灰等の廃棄物を加熱（1200℃以上の温度）し，超高温条件下で有機物を燃焼，ガス化させるとともに，無機物を溶融した後に冷却してガラス質の固化物（溶融固化物）とする技術」とされている。そして，その有効性として，重金属の溶出防止およびダイオキシン類の分解・削減が挙げられている。

溶融固化により得られた固化物（溶融スラグ）は，路盤材やコンクリート用骨材などに利用することも可能であるとされ，マテリアルリサイクルによって一般廃棄物が建設材料等となることから，廃棄物の最終処分量が減少している。

また，市町村が溶融固化した溶融固化物は，当該指針の目標基準に適合するもの（目標基準適合溶融固化物）について「市町村が自ら発注した公共建設工事において利用される場合には，当該利用は廃棄物の処分に該当するものではないとして差し支えない」と定められ，一般廃棄物ではないこととなった。

新たに建設される一般廃棄物処理場は，周辺に臭気を出さない設備（内部を負圧，ドラフターで除去など），発電設備（余剰電量の売却）に加え，当該溶融固化を実施している場合が多い。廃棄物の処理処分コストの低減が可能となり，多くの最終処分場で残存容量が増加し延命化が可能となっている。

3.1.2 消費資源の減量化 --

（1） 概　要

　環境汚染被害に対処するには，再発防止および被害者の救済を行う事後対策
と，予防を行う未然防止対策が挙げられる。また，人間活動の拡大による環境
汚染を防止することを目的とする活動としては，製品のリサイクル・リユース
など資源循環や省資源が挙げられる。修理，修繕（Repair），中古品の利用
（Reuse），リサイクル（Recycle）は，廃棄物の減量化（Reduce）を目的としてお
り，LCAの面から原料採取の削減も可能とすることから，究極の目的は省資
源ということとなる。また，省資源そのものが，有害物質の地上での拡散を抑
えることにつながるが，消費者の立場から有害物質を含有した商品を控えたり
（Refuse），メーカーサイドで有害物質の使用を避けたりすれば（Refuse），有害
物質の放出・拡散を相乗的に減少させることが可能となる。これら活動の英単
語頭文字のRをとって，3R，4R，または5Rという（図3-1-3参照）。

　なお，廃棄物の燃焼によって熱を利用するものをサーマルリサイクル，廃棄
物を再度物質資源とするものをマテリアルリサイクルという。さらに，廃棄物
を原料として再度利用することをケミカルリサイクルという場合もある。

図3-1-3　循環型社会構築の考え方

（2）　拡大生産者責任（EPR）

拡大生産者責任（Extended Producer Responsibility：以下，EPRとする）は，OECD（経済協力開発機構）で提案されたもので，「製品に対する生産者の物理的及び経済的責任を製品のライフサイクルの使用後の段階にまで拡大する」政策上の手法のことである。

循環型社会形成推進基本法では，EPRとして生産者が，その製造する製品の耐久性の向上，設計の工夫，材質や成分の表示等を行う責務（第11条2項），一定の製品について，引取り，引渡しまたは循環的な利用を行う責務（第11条3項）を規定している。

（3）　循環経済廃棄物法（ドイツ）

ドイツで1996年10月に施行された「循環経済の促進及び廃棄物の環境保全上の適正処理の確保に関する法律」（正式略称：循環経済廃棄物法，以下，循環経済廃棄物法とする）では，廃棄物の減量化を廃棄物の再利用可能性から追求し，エネルギー利用等まで規定の範囲に含まれている。また，製品の研究開発段階から生産，販売まで視野に入れ，廃棄物の環境汚染のリスクを極力減らそうとしている。開発から物流等まで幅広い視野を持ち，環境負荷に対する製造物責任を定めたことで世界的に注目された。

ドイツでは廃棄物管理上の処理の優先順位は1991年より，①発生回避，②再利用，③処分としており，再利用においてもサーマルリサイクルよりマテリアルリサイクルを優先することを定めている。また，製造物の廃棄段階の費用まで，メーカーが負担することとなり，高いコストが必要とされるマテリアルリサイクルの義務づけは，製品の設計段階からの再検討

図3-1-4　ドイツマテリアルリサイクル工場
（ベルリン）

　このリサイクル工場では，通信機器，電力関連の材料に関した金属の再生を主に行っている。ロシアや東欧の解体された工場等からも廃棄機器を受け入れている（2001.11）。

を余儀なくしている。したがって，製品のLCAが非常に重要になっていると
いえる。

　ドイツは，国内の人口が分散しており，NRW州（ノルトラインウェストファー
レン州）など山岳地域がないところでは，過疎地域がなく，廃棄物処理場が新
たに作れなくなっている。その背景には，廃棄物処理場の厳しい安全技術基準
（廃棄物技術指針：TASi）の影響もある。このため，マテリアルリサイクル市場
が活発化し，リサイクルしにくいもの自体を使用しないようにする傾向が強
まっている。法律による誘導が着実に進んでいる結果と考えられる（図
3-1-4参照）。

（4）　LCA（Life Cycle Assessment）

　LCAは，一般的には，'Life Cycle Assessment'を意味するが，'Life Cycle
Analysis'を示す場合もある。先進的な企業では環境経営の一環として，LCA
に基づいて各段階のコストを計算し，他社との差別化を図っているところもあ
る。この手法は，LCC（Life Cycle Costing）といわれる。特に多国籍企業では，
国際戦略の1つとなっている。

　LCAにおける評価の基本的な4つのステップを次に示す（引用：産業環境管理
協会「ライフサイクルアセスメント［インベントリーのガイドラインとその原則］──
米国環境保護庁（EPA）作成編集──」(1994)）。

　①　目標設定と範囲設定　　LCAを行う以上自明と思われることであるが，目的をどのように設定するか，対象をどこに広げるかによって，考慮すべきデータの量・制度に大きく影響するために，第1ステップとされている。

　②　インベントリー分析　　ライフサイクルの各段階における出入力データベースをいう。具体的には，入力としてエネルギー（電力量，熱量等）および物質（原料），出力としてエネルギー（電力量，熱量，動力，騒音・振動等），物質（製品，半製品，副産物，汚染物質，排気物質，廃棄物等）がある。

　③　影響評価　　インベントリー分析によって判明した出力を生態学的影響，地球温暖化，オゾン層破壊，発ガン性等の負荷量として客観的に評価する。

④　改善評価　　インベントリー分析および影響評価から，負荷量の大きなステージについて負荷量を低減する方策を考え，その方策をとったことにより負荷量がどのように低減したかを評価する。

LCAは，製品の各部品の成分やその性質など多くの情報を必要としており，まず，調達品の構成物質の把握から行わなければならない。しかし，特にわが国では，このような情報があまり流通しておらず，材料や部品の調達段階から新たにシステムを構築しなければならない。このため，大手企業では，自主的または業界でグリーン調達基準を作成し，協力企業，下請け会社等に協力を求めている。

国際標準化機構で定める環境規格（14000シリーズ）は，製品およびサービスについてISO14040，ISO14044で定められている。特に，主要な地球温暖化原因物質である二酸化炭素の排出量（またはGHG［Green House Gas］を二酸化炭素に換算した量）についてLCAを用いて算出する方法をカーボンフットプリント（Carbon Footprint of Products［CFP］）といい，企業（サプライチェーンまで含む組織）から排出されるGHGの算出については「GHGプロトコル」から国際標準（スコープ1,2,3）が発表されている。環境負荷総量の把握のためにLCAの対象物質に関する国際的な検討は，今後GHG意外にも広がっていくと考えられる。

（5）　循環型社会形成推進基本法と個別法

わが国の循環型社会への整備は，「循環型社会形成推進基本法」を中心として，「廃棄物の処理及び清掃に関する法律」と「資源の有効な利用の促進に関する法」が両輪となり，様々な分野におけるリサイクル法が制定されている。今後も多くの産業分野に広がっていくと思われる。また，経済的な支援として「国等による環境物品等の調達の推進等に関する法律」によって，再生品市場の拡大が図られている。

再生品の市場は，廃棄処理市場，中古市場，再生品市場，世界の鉱物資源の値段など経済的な影響を強く受ける。さらに，事業として成立させるには，国際取引の状況や消費の傾向など多くの要因を分析しなければならない。近年（2019年9月）は，中国市場に影響され，工業資源，古紙や鉄くずの値段が変動

し，国内のリサイクル市場に大きな影響を与えている。各種リサイクル法も社
会状況の変化に伴って，比較的早い時期での変更を余儀なくされているといえ
る。企業経営にとっては，環境対策を従来の公害法のようなエンドオブパオプ
対策だけと考えるのではなく，市場の変化を素早く読み取り資源生産性の向上
をいち早く実施しなければならなくなってくることとなろう。

　次に資源循環に関連した法律を挙げる。今後関連法が拡大していくと考えら
れる。なお，後に一般生活に関わりが深い「自動車リサイクル法」，「容器包装
リサイクル法」，「家電リサイクル法」，「小型家電リサイクル法」を取り上げ論
ずる。

① 　循環型社会形成推進基本法（枠組み法）　　2000年制定
② 　廃棄物の処理及び清掃に関する法律　　1970年制定
　　　⇨産業廃棄物の処理に係る特定施設の整備の促進に関する法律
　　　　（1992年制定，2000年改正）
③ 　資源の有効な利用の促進に関する法　　1991年制定，2000年改正
　　　・使用済物品等および副産物の抑制ならびに再生資源および再生部品の利用の促
　　　　進に関して，事業者による回収・リサイクルの促進など所要の措置を講ずるこ
　　　　とを目的としている。2003年10月よりパーソナルコンピュータの回収・リサイ
　　　　クルが義務化された。
④ 　容器包装に係る分別収集及び再商品化促進等に関する法律
　　　［容器包装リサイクル法，容リ法］　　1995年制定（2000.4全面施行）
⑤ 　特定家庭用機器再商品化法［家電リサイクル法］　　1998年制定（2001.4
　　全面施行）
　　　2000年施行令公布，公布時指定：エアコン，テレビ，冷蔵庫，洗濯機
⑥ 　家畜排泄物の管理の適正化及び利用の促進に関する法律［家畜排泄物リ
　　サイクル法］　　1999年制定
⑦ 　建設工事に係る資材の再資源化等に関する法律
　　　［建設リサイクル法］　　2000年制定（2002.5全面施行）
　　　・コンクリートの再生など多くの技術開発が行われており，コスト低減の開発が
　　　　実現すれば，マテリアルリサイクルが拡大する。

⑧ 食品循環資源の再生利用等の促進に関する法律

　　［食品リサイクル法］　2000年制定（2001.5基本方針規定：主務大臣）

　　・有機系廃棄物を取り扱っていることから，エネルギー，物質の両面からリサイ
　　　クルが可能である。水分の除去や自然発酵などコントロールが難しい面もある
　　　が最もビジネスの可能性がある分野である。

⑨ 国等による環境物品等の調達の推進等に関する法律

　　［グリーン購入法］　2000年制定（2001.2基本方針決定：閣議決定）

　　・企業では自社製品の環境管理のため当該法律の考え方を取り入れ，グリーン調
　　　達基準を業界または個別企業で作成している。

⑩ 使用済自動車の再資源化等に関する法律

　　［自動車リサイクル法］　2002年制定（2005.1全面施行）

⑪ 使用済小型電子機器等の再資源化の促進に関する法律

　　［小型家電リサイクル法］　2012年制定

　　・小型家電に含まれる貴金属等有用金属の回収・マテリアルリサイクルを目的と
　　　して施行された。

⑫ 食品ロスの削減の推進に関する法律

　　［食品ロス削減推進法］　2019年制定

　　・まだ食べられる食品の廃棄削減を図り，効率的な食品消費を実現する。

（6）　自動車リサイクル法

　現在社会で最も多くの資源を費やしている自動車に関してもリサイクルの規
制が進められており，わが国でも「使用済自動車の再資源化等に関する法律」
（以下，自動車リサイクル法とする）が，2005年1月より全面施行となった（2002
年7月成立，2004年7月解体業・破砕業の許可申請）。欧州では，第**1**章**1.5.3**に
示したようにわが国より先に自動車リサイクルに関する指令（ELV指令）が施
行されている。

　当該法が施行された当時，使用済み自動車は，年間約400万台（中古車輸出も
含めると500万台）の発生があり，その80％強がリサイクルされていた。2014年
以降（2018年現在）国内自動車登録台数は，8000万台を超えている。自動車の

エンジンや電装品などが，マテリアルリサイクルの対象となっており，特に触媒に含まれる白金や電子機器に含まれるロジウムなどは利益が大きい再生品となっている。

　自動車リサイクル法の規制では，「自動車破砕残さ（シュレッダーダスト）」，「指定回収物品」，および「エアコンに使われるフロン類（CFC類）回収」を対象としており，前2者は，特定再資源化物品といい，3者を含めると特定再資源化等物品という（第2条4項）。指定回収物品は，「エアバッグその他衝突の際の人の安全を確保するための装置に使用するガス発生器」と定められている（第2条6項に基づく施行令第3条）。

　リサイクル費用は自動車所有者が負担することとなっており，その支払いは新車の購入時に義務づけられている。廃車時に支払うことになると不法投棄を助長するおそれがあるため，購入時に徴収しプールする方法をとっている。ただし，中古車を購入する際には，前の所有者が払ったリサイクル費用を引き継ぐため改めて支払う必要はない。プールした費用は，第三者機関（資金管理法人へ預託［㈶自動車リサイクル促進センター］）によって管理されることとなっている。

　廃車の移動に関しては，廃掃法の産業廃棄物と同様にマニフェスト制を導入し，情報管理センター（㈶自動車リサイクル促進センター）によって把握されている。なお，マニフェスト情報を合理的に処理するために電子マニフェスト（原則パソコンを利用した電子情報）による報告が行われている。

　リサイクル費用の額は，メーカー等が公表することとなっている。全自動車の総リサイクル費用は，極めて大きな市場となっている。また，自動車は多くの材料の集合体であることから，当該リサイクル技術は，材料，物質レベルでみると，他の業界にとっても共通部分が多く，他の製品の新たなリサイクル市場を形成する可能性もある。したがって，自動車リサイクル法は，資源循環型社会への誘導的規制となりうると考えられる。欧州を中心に普及しているIMDS（第1章で説明）が利用できれば，さらに合理的にリサイクル処理が進められる。

（7）　ドイツデュアルシステムと容リ法

　容器包装リサイクルに関しては，ドイツでの制度が先行している。ドイツで1990年に発生した廃棄物のうち包装材が容積で約40％，重量で約30％を占めており，廃棄物の埋め立て処分施設の逼迫から減量化を行う必要性が高まった。その対処として，包装廃棄物の発生回避，リサイクル推進，残渣の適正処分を盛り込んだ「包装廃棄物の回避に関する政令」が1991年に制定され，1991年から1993年までに，段階的に施行された（1998年に前述の循環経済廃棄物法の施行に伴い改正）。また1994年には，ドイツ基本法（ドイツには憲法がないため憲法に相当する）の第20条aに「（次世代のための）生命の自然的基盤を保持すること」を新たに制定し，環境保護に関する法制度の充実を図っている（図3-1-5参照）。

　「包装廃棄物の回避に関する政令」では，製造業者および販売者は，製品が消費された後の包装材を独自に回収・リサイクルを行う義務を負うこととなり，関連会社数百社が出資し資本金を得て，リサイクルを専門的に行うデュアルシステム・ドイチュランド社（Duales System Deutschland AG：以下，DSD社とする）を設立した。

　DSD社では，包装廃棄物を排出する企業と契約し，回収分別業者および各素材のリサイクル業者とも委託契約を行い，このシステムを管理している。契約した企業は，グリューネプンクトマークを包装材に記載し，このマークを付けた包装ゴ

図3-1-5　ドイツでよく利用されている布製買い物バッグ

　ドイツでは，スーパーマーケットで配布するレジ袋を減量化するために布等のバッグの利用が1990年代から普及している。プラスチック製のレジ袋にリサイクル費用が課せられたことによる経済的誘導も効果的に働いたと考えられる。この傾向はEU全域に拡大した。

図3−1−6　デュアルシステム専用のゴミ箱(1993)
ごみ箱についているマークがグリューネプンクト
マークである。

ミは，専用のゴミ箱で収集され，専門の委託業者によって回収される。自治体による包装材を除く廃棄物の回収システムと包装材リサイクル回収が並行して行われることから，二元システム（デュアルシステム）といわれている。このシステムは，英国などを除く欧州全域に広まった(図3−1−6参照)。

　しかし，包装材ユーザー企業が，回収・リサイクルする義務を独自に遂行せず，第三者に委託できることから，包装材メーカーおよびユーザー企業で独自にリサイクル技術を開発するインセンティブがなくなるなど問題点が発生している。

　わが国でも，一般廃棄物の埋め立て処分場が逼迫し，容積比で約55.5%，重量で22.6%を占める（1998年度）容器包装ゴミの減量化の必要性が高まった。その対処として，1997年4月から「容器包装に係る分別収集及び再商品化の促進等に関する法律」(以下，容器包装リサイクル法とする)が施行された。当初は，法の対象商品を，ガラスビンとペットボトルに限定し，事業所も大手企業を対象としていた。2000年4月から対象商品を紙，プラスチックまでに拡大し，中小企業も対象となり，全面施行となった。ただし，スチール缶，アルミ缶，紙パック，段ボールに関しては，既存市場でリサイクルが行われており，リサイクル率が高いことから，再商品化の義務は生じていない。

　当該リサイクルにおける関連主体の役割分担は以下の通りとなっている。

① 消費者　　分別排出，リターナブル容器や簡易な包装商品の選択に務める。

② 市町村　　分別回収

③ 事業者　　容器包装の利用量に応じてリサイクルを行う。

④ 指定法人　　事業者からの委託を受けて市町村から容器包装を引き取る

（財団法人　日本容器包装リサイクル協会）。

⑤　再商品化事業者　　リサイクル業者

再商品化義務履行ルートは，次の3つのルートがあり，多くが指定法人ルートとなっている。

① 自主回収ルート　　市町村の回収ルートを利用しないで回収
② 指定法人ルート　　市町村の回収の後，指定法人の委託したリサイクル業者へ
③ 独自ルート　　市町村の回収の後，事業者が直接委託したリサイクル業者へ

指定法人ルートは，既存の行政が行う収集・分別制度を利用し，指定法人（財 日本容器包装リサイクル協会）が委託したリサイクル業者で再生が行われることとなる。

また，「資源の有効な利用の促進に関する法」第2条11項で規定される「指定表示製品」（法施行令第5条）として，容器包装材に識別表示義務が定められている。当該義務の目的は，消費者の分別排出を容易にし，市町村の分別収集を促進することで，プラスチック，紙，PET（ポリエチレンテレフタレート），スチール，アルミニウム等の材質の表示を定めている。PETの例を図3-1-7に示す。

図3-1-7　容器包装への表示義務の例

ドイツの包装材のリサイクルは，民間企業が中心となり，行政の廃棄物処理と2つの流れを作っているが，わが国の容器包装に関しては，行政が中心となり，既存の回収システムが使用されている。わが国では，多くのマテリアルリサイクル技術が開発され，PETの再原料化も可能となったが，コスト低減が進んでいない。今後も低コスト化を目指した分別，再商品化に関する技術開発が進んでいくと思われる。

（8）　家電リサイクル法

　特定家庭用機器再商品化法（以下，家電リサイクル法とする）が2001年4月に全面施行される以前は，一般家庭から排出される家電製品（年間約60万トン）は，行政または処理業者によって，そのほとんどが埋め立て処分となっていた。その結果，埋め立て地が逼迫し，マテリアルリサイクルを推進する必要性が高まり本法が施行されるに至っている。

　家電リサイクル法で対象としている家電製品は，2019年9月現在で次の4品目となっている（第2条4項に基づく施行令第1条で規定）。EUの廃電気電子機器指令（Weee指令）では，ほぼすべての家電製品となっているので，対象を限定している本法とは異なっている。

　①ユニット形エアコンディショナー（ウィンド形エアコンディショナーまたは室内ユニットが壁掛け形もしくは床置き形であるセパレート形エアコンディショナーに限る），②テレビジョン受信機（ブラウン管式のもの，液晶式のもの［電源として一次電池または蓄電池を使用しないものに限り，建築物に組み込むことができるように設計したものを除く］およびプラズマ式のもの），③電気冷蔵庫および電気冷凍庫，④電気洗濯機および衣類乾燥機。

　本法において，リサイクルの主体はメーカーとなっており，EPR（拡大生産者責任）が遵守されている。再生のための費用は排出者すなわち消費者が廃棄時に支払う方法をとっており，容器包装リサイクル法や自動車リサイクル法とは異なっている。家電は価格競争が激しく，リサイクル費用は企業経営に直接関わってくることとなる。メーカーではその対処として，LCA研究などを積極的に進めており，環境保全への誘導政策が有効に図られているといえる。法律ではメーカーの製造業者等の責務として，第4条で，「家電の耐久性の向上及び修理の実施体制の充実を図ること等により特定家庭用機器廃棄物の発生を抑制するよう努めるとともに，特定家庭用機器の設計及びその部品又は原材料の選択を工夫することにより家電の再商品化等に要する費用を低減するよう努める」ことを定めている。

　また，法第22条1項に基づく施行令第3条（2014年4月）で，再商品化等を実施すべき量に関する基準（廃棄物から分離された部品及び材料のうち再商品化等

をされたものの総重量の当該特定家庭用機器廃棄物の総重量に対する割合）が定められている。

リサイクルの実施は，本法の対象となる家電メーカーが2つのグループに分けられ，リサイクル費用が競争のもとで公平に定められるようなシステムとなっている（独占禁止法への配慮）。

また，消費者が支払うリサイクルコストには，収集運搬費用（第11条）と再商品化費用（法第19条）が含まれ，事前に公表した適正な費用（第20条）が請求されることとなっている。

また，廃棄時には，排出者に家電リサイクル券控（問い合わせ管理番号記載）が配布され，最終処分までマニフェスト票による管理が実行される。排出者は，その後の状況について（財）家電製品協会（家電リサイクル券センター）へ，インターネットによってアクセスすれば，「お問い合わせ管理番号」を入力することによって確認できる。

リサイクル関連法すべてに共通の課題である不法投棄等を防止することが様々に考えられているが，マニフェスト等を厳重に管理する必要性が高いだろう。

（9） 小型家電リサイクル法

1950年代から高度経済成長に支えらえ大量生産，大量消費が進み，以下深くにあった莫大な資源が市場に投入された。その多くは排出物，廃棄物となり自然環境の物質バランスを崩し，環境汚染，または環境破壊の原因となってしまっている。しかし，バージン資源は，採掘コストによってその残存量が大きく変わり，近い将来実質枯渇となってしまう可能性が高い資源も存在している。採取された物質の中には，希少なものもあり，製品中に混入したまま廃棄物となってしまうものもある。これら市場の製品中に含まれる鉱物資源を都市鉱山と呼ぶこともある。

したがって，資源政策（資源の安定確保），および環境政策（環境保護）の両面から廃製品中に含まれる希少な物質を回収することが必要となってきている。この状況に対処するために，「使用済小型電子機器等の再資源化の促進に関す

る法律（以下，小型家電リサイクル法とする）（2012年8月制定）」が，2013年4月
から施行されている。

この法律の目的は，「使用済小型電子機器等に利用されている金属その他の
有用なものの相当部分が回収されずに廃棄されている状況に鑑み，使用済小型
電子機器等の再資源化を促進するための措置を講ずることにより，廃棄物の適
正な処理及び資源の有効な利用の確保を図り，もって生活環境の保全及び国民
経済の健全な発展に寄与すること（当該法第1条）」となっており，「小型電子
機器等」とは，家電リサイクル法に規定する特定家庭用機器を除くもので，効
率的な収集及び運搬が可能であると認められ（第2条1項），廃棄物となった場
合，再資源化に係る経済性の面における制約が著しくないと認められるもの
（第2条2項）と定められている。なお，「再資源化」とは，「使用済小型電子機
器等の全部，又は一部を原材料，又は部品その他製品の一部として利用するこ
とができる状態にすること」となっている（第2条3項）。

規制の対象となる具体的な電気機械器具は，施行令第1条に28種類（2013年
3月現在[*4]）が定められている。対象製品は，必ずしも小型家電とはいえないも
のも含まれている。再資源化の内容の基準としては，「破砕，選別その他の方
法により，使用済小型電子機器等に含まれる鉄，アルミニウム，銅，金，銀，
白金，パラジウムおよびプラスチックを高度に分別して回収し，当該回収によ
り得られた物に含まれる，"鉄，アルミニウム，銅，金，銀，白金，パラジウ
ム，セレン，テルル，鉛，ビスマス，アンチモン，亜鉛，カドミウム，水銀，
プラスチック"の再資源化，熱回収又は安定化を自ら行うか，又は当該再資源
化等を業として行うことができる者に当該回収物を引き渡すこと。（当該法施行
規則第4条4項［2013年3月現在］）」となっている。

小型家電リサイクル法制定前の2011年におけるわが国の廃棄資源についての
推定（環境省試算）では，年間約65.1万トンの廃棄小型家電が発生し，有用な
金属などの量は約27.9万トンであり，約844億円に相当するとしている。資源
別内訳は，金が0.68万トン（世界の埋蔵量の約16%），銀が6万トン（世界の埋蔵
量の約22%），リチウムが15万トン，プラチナが2500トンにのぼるとしている。
また，独立行政法人物質・材料研究機構「元素別の年間消費量・埋蔵量等の比

較資料」（2008年1月11日発表）に基づき経済産業省が作成した「世界の埋蔵量に占める日本の都市鉱山の蓄積量」（使用中および廃棄物を総合したわが国の都市鉱山量）では，金が約6800トン（世界の埋蔵量の約16%），銀が約6万トン（世界の埋蔵量の約22%）存在しているとしている。

資源がないわが国にとっては有望な資源であり，無駄な資源採掘を防止し環境汚染・破壊を防止することも期待できる。ただし，資源回収等において副次的な汚染の発生も懸念されるため，現状把握を十分行い，適正な資源回収を進めていくことが重要である。

3.1.3 国際的なリサイクルシステムから国内リサイクルシステムへ
——中国のリサイクルシステム -------------------------

（1） 先進国のマテリアルリサイクルの限界と中国の資源不足

マテリアルリサイクルが進むドイツなど欧州や廃棄物の埋め立て処分が困難となってきた米国では自国内で廃棄物の資源化を進めているが，分離・分別に費やすコストが大きく，再資源化による利益が得られる物は限られる。対して中国では，2000年前後から安価な人件費を背景に手作業によるマテリアルリサイクルが可能となっている。その結果，欧州，米国および日本から大量の廃棄物が中国へ運ばれて再資源化が行われていた（図3-1-8参照）。

（2） 計画的リサイクルシステムの構築

中国では，海外のリサイクル業者が操業できる地域を政府が指定[*5]し，集中的にマテリアルリサイクルを行い資源調達に関するロードマップを作り資源の安定供給を進めている。なお，中国内でマテリアルリサイクルされた資源の輸出

図3-1-8　廃電線の手作業による分離（中国）

を禁止している。そして全国人民代表大会の方針に基づき，2020年頃には国内から排出される廃棄物によってリサイクル原料の調達が可能となり海外からの廃棄物輸入は取りやめることを計画的に進めた。

わが国は，廃棄物を資源として輸出し，国内での処理・処分を免れてきたが，輸出先がなくなることで国内で処理・処分を行わなければならなくなっている。わが国政府の廃棄物問題に関する短絡的な施策の失敗であろう。新たな不法投棄の恐れが高く，短期的ではなく，政府による中長期的な環境政策を検討しなければならない。廃プラスチックに関しては，新たな地球環境問題である海洋プラスチック汚染の重大な発生源でもあるため今後の対処が重要である。

しかし，廃棄物資源を工業材料とするには，需要をみたすための供給コストのバランスがとれなければならない。すなわち供給サイドでは分離・分別にかかる人件費が大きな要因となる。マテリアルリサイクル工場では，すでに安価な労働力を求めて，地方から流入している者（流民）の雇用が中心となっている。流民は，低い賃金とノルマ制で，労働を提供している。作業環境は決してよくない状況で，今後問題となる可能性がある。労働環境整備推進が法律により規制されれば，環境保全機器等追加コストを生じるため，現在の供給コストの維持は難しくなるだろう。したがって，中国の経済が発展することによっていずれ国内でマテリアルリサイクルすることは，困難になってくると考えられる。

（3）　国際条約に基づく輸入廃棄物に対する国内の環境保護

中国は，1991年12月に有害廃棄物の国境を越える移動及びその処分の規制に関するバーゼル条約（Basel Convention on the Control of Transboundary Movements of Hazardous Wastes and Their Disposal：以下，バーゼル条約とする）を批准，2001年，WTO（World Trade Organization：世界貿易機関）に加盟し，環境保全に関して，国内法のさらなる整備等の必要性が高まってきている。

バーゼル条約では，有害物質の国家間での移動を禁止しているため，中国は，廃棄物を資源として輸入する際の規制を強化している。特に鉛および油等

を含むものに注意している。家電等で有害物質を含有しているものに対して，2002年8月15日に国家環境保護総局，税関，対外貿易経済協力省連盟の通達で，輸入を禁止している。

　輸入廃棄物の規制は，「固体廃棄物汚染環境防治法」（1995年施行）に基づく「廃棄物輸入の環境保護管理臨時規定」（1996年施行）で定められている。当該規定は，1996年に国家環境保護総局等5つの関連官庁共同で作成されており，所管は国家環境保護総局が行った。

　マテリアルリサイクル業者を直接指導しているのは，地方の環境保護関連部門であり，以前よりリサイクル工程で発生する排出物や廃棄物汚染防止に力を入れている。

【注】

＊1：NIMBY（Not In My Backyard Syndrome）　廃棄物の焼却処理場や埋め立て処分場は，社会的には必要とされるものであるが，周辺住民にとっては潜在的なリスクを抱かせる施設である。これらの施設の建設に関しては地域住民が反対運動を引き起こすこともあるが，他の地域に建設地が変更されると当初の建設地周辺住民は反対運動をやめてしまう。このように自分の周辺の環境保全のみしか考えない者を，英国ではNIMBY（ニンビー）といって見下した。この現象をNIMBYシンドロームという。

＊2：「自動車リサイクル法の概要　平成14年」（経済産業省・環境省）で示された首都圏の最終処分場コストでは，1996年に1トンあたり1.5万円だったものが2001年には1トンあたり3.0万円と高騰している。

＊3：「GHGプロトコル」（The Greenhouse Gas Protocol）は，WRI（World Resources Institute）とWBCSD（World Business Council for Sustainable Development）によって共同で設立され，企業／組織におけるGHG排出量の算定・報告の範囲，検証に関する基準である「The Greenhouse Gas Protocol-A Corporate Accounting and Reporting Standard」（2004年改訂版）を発表し，2011年10月には，サプライチェーン・バリューチェーン（購入物品の製造時の排出，販売製品の使用時の排出）のGHG排出量算定・報告基準として「スコープ3」を発表している。なお，「スコープ1」は，自社が所有，占有する施設からの直接排出，「スコープ2」は，自社が購入したエネルギーの製造時（電力など）における（間接的な）排出を示している。

＊4：使用済小型電子機器等の再資源化の促進に関する法律第2条一項の政令（2013年3月施行令）で定める電気機械器具は，次に掲げるもの（一般消費者が通常生活の用に供する電気機械器具であるものに限るものとし，これらの附属品を含む。）である。

　一　電話機，ファクシミリ装置その他の有線通信機械器具
　二　携帯電話端末，ＰＨＳ端末その他の無線通信機械器具

　三　ラジオ受信機及びテレビジョン受信機（特定家庭用機器再商品化法施行令（平成十年政令第三百七十八号）第一条第二号に掲げるテレビジョン受信機を除く。）

　四　デジタルカメラ，ビデオカメラ，ディー・ブイ・ディー・レコーダーその他の映像用機械器具

　五　デジタルオーディオプレーヤー，ステレオセットその他の電気音響機械器具

　六　パーソナルコンピュータ

　七　磁気ディスク装置，光ディスク装置その他の記憶装置

　八　プリンターその他の印刷装置

　九　ディスプレイその他の表示装置

　十　電子書籍端末

　十一　電動ミシン

　十二　電気グラインダー，電気ドリルその他の電動工具

　十三　電子式卓上計算機その他の事務用電気機械器具

　十四　ヘルスメーターその他の計量用又は測定用の電気機械器具

　十五　電動式吸入器その他の医療用電気機械器具

　十六　フィルムカメラ

　十七　ジャー炊飯器，電子レンジその他の台所用電気機械器具（特定家庭用機器再商品化法施行令第一条第三号に掲げる電気冷蔵庫及び電気冷凍庫を除く。）

　十八　扇風機，電気除湿機その他の空調用電気機械器具（特定家庭用機器再商品化法施行令第一条第一号に掲げるユニット形エアコンディショナーを除く。）

　十九　電気アイロン，電気掃除機その他の衣料用又は衛生用の電気機械器具（特定家庭用機器再商品化法施行令第1条第4号に掲げる電気洗濯機及び衣類乾燥機を除く。）

　二十　電気こたつ，電気ストーブその他の保温用電気機械器具

　二十一　ヘアドライヤー，電気かみそりその他の理容用電気機械器具

　二十二　電気マッサージ器

　二十三　ランニングマシンその他の運動用電気機械器具

　二十四　電気芝刈機その他の園芸用電気機械器具

　二十五　蛍光灯器具その他の電気照明器具

　二十六　電子時計及び電気時計

　二十七　電子楽器及び電気楽器

　二十八　ゲーム機その他の電子玩具及び電動式玩具

＊5：中国政府の政策として，マテリアルリサイクルを集中的に行う地域を次に示す5カ所に指定し，処理システムの大規模化を進め，マテリアルリサイクル技術レベルの向上と資源供給市場の安定化を図った。

　①天津市，②上海市（まだマテリアルリサイクル工場はあまりない），③江蘇省太倉市，④浙江省寧波［ニンポー］・鎮海（比較的小規模な工場が集中している），⑤広東省南海市，その他，盛んな地域として，⑥福建省小璋州，が挙げられる。

3.2 エネルギー資源の効率化

3.2.1 地球温暖化防止 --

(1) 国際的なコンセンサス

　地球温暖化防止に関する国際的なコンセンサスとしては，1992年5月に採択された「気候変動に関する国際連合枠組み条約」(United Nations Framework Convention on Climate Change：以下，UNFCCCとする) が1994年3月に発効している (2001年12月現在186カ国批准)。日本は，1993年5月に国会承認，受託書寄託を行い批准している。具体的な取り組みについては，気候変動における政府間パネル (Intergovernmental Panel on Climate Change：以下，IPCCとする) の報告に基づき，京都議定書に定められた。この経緯等については，第1章1.1.4「自然災害」でも参照できる。

　京都議定書の発効の要件は，第25条に定められており，「本議定書は，附属書Iの締約国全体の1990年の合計二酸化炭素排出量の少なくとも55%，を占める附属書Iの締約国が加入し，かつ55カ国以上の条約の締約国が批准書，受託書，承認書，または加入書を寄託した日の90日後に効力を生ずる。」となっている。附属書Iの締約国とは，UNFCCCに記載された先進締約国その他締約国のことをいう (第4条2項)。

　1990年における二酸化炭素の排出量の36.1%を占める米国が自国の産業の保護 (地球温暖化対策を行うことによって数千億ドルの経済負担を発生させる) を理由に京都議定書から離脱したが，ロシアが2004年11月に批准し，2005年1月に批准国状況が，135カ国と1機関 (EU) に達し，2005年2月にようやく発効した。しかし，削減義務がない中国等工業新興国等途上国における地球温暖化原因物質 (Green House Gas：GHG，または温室効果ガス) の排出量が削減義務国 (先進国) より多くなり，他方，2007年に米国で発生したサブプライムローンの破綻を発端に，2008年のリーマンショック (米国の投資銀行リーマンブラザース破綻) によ

る世界的金融危機，2009年末からはギリシャ経済危機に始まる欧州金融危機
（PIIGS：ポルトガル，イタリア，アイルランド，ギリシャ，スペイン）があり，先進
国では地球温暖化原因物質削減への経済的な余力が失われてしまった。わが国
では，2011年3月に発生した東日本大震災および東京電力福島第一原子力発電
所事故で経済力が大きく低下した。このような状況からわが国は，2013年から
始まったポスト京都議定書から脱退し，大量にオイルサンドを生産するカナ
ダ，シェールガスおよびオイルを生産する米国，天然ガスを大量に生産するロ
シアも不参加となった。

　一方，1人あたりの二酸化炭素の排出量は，米国が極めて多く，わが国の約
2倍となっている。世界の国がすべて米国と同レベルの膨大な資源浪費生活を
実現すると図3-2-1の棒グラフは二酸化炭素の排出で埋め尽くされることと
なる。その結果，大気中の二酸化炭素濃度は急激に高まり，気候変動は取り返
しがつかないくらいに悪化してしまうだろう。

　また，「温室効果ガス」とは，UNFCCC第1条5項で，「大気を構成する気
体（天然のものであるか人為的に排出されるものであるかを問わない）であって，赤
外線を吸収し及び再放射するもの」と定められている。温室効果ガスである二
酸化炭素，メタン，CFCsなどは，波長の短い紫外線や可視光は通すが，波長
の長い赤外線は吸収する性質を持つことから，太陽光の赤外線部分を吸収し地球を暖めてしまい地球温暖化現象を起こしている。特にメタンは，土壌を掘り起こすことによって発生したり，ツンドラ地帯が温暖化することによって気化したりする。規定では，天然のものも含まれることとなっ

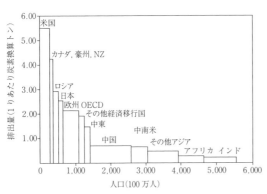

図3-2-1　世界の1人あたり・人口あたりの
二酸化炭素排出量と人口（1995年）

出典：IEA／OECD ‘CO₂ Emissions from Fuel Combustion’, Paris：
　　　IEA／OECD, 1997資料より。

ており，土地利用についての研究（LUCC［Land Use Cover Change]）が今後重要になってくると思われる。

　地球温暖化問題の科学的な解明とコンセンサスの考察においては，IPCCの作業グループが示した考え方が参考になる。この考え方は，環境影響の証明のレベルを横軸にとり，同意（コンセンサス）水準のレベルを縦軸にとった2次元の図で解析を行っている。

　A．汚染の科学的な証明の度合が低く利害関係者の合意レベルの低い場合（Speculative）は，まだ検討の必要がある部分として扱われる。B．科学的証明の度合が高く合意レベルが低い場合（Well-Posed Controversy）は，合意を得るための困難な論争の部分とされる。C．科学的証明度が低く合意レベルが高い場合（Probable）は，汚染の蓋然性がある部分として取り扱われる。D．科学的証明度が高く合意レベルが高い場合（Well-Established）は，汚染が確定した部分として扱われる。

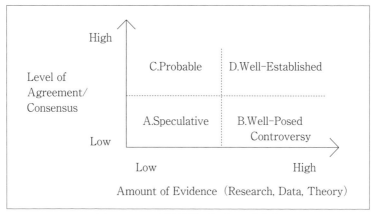

図3-2-2　環境影響の証明と同意水準

出典：IPCC Chair Elect／TSU WGⅡ Integrated Assessment Modeling Workshop 10 March
　　　1997資料より。
　（IPCCの汚染の確定の議論）
　・Speculative：まだ検討の必要性がある
　・Well-Posed Controversy：相当に困った論争
　・Probable：蓋然性がある
　・Well-Established：確定

　D．（Well-Established）となれば，法律によって強制力がある環境汚染対策が実行できる。具体的には，物質の性質に応じた排出抑制または使用制限等が科学的根拠に基づいて行われ，悪質な行為の防止には罰則による取締りも可能となる。汚染の原因が複雑な場合は，産業界や個人の自主的な努力や地域に応じた規制が必要となる。

（2）　共有地の悲劇

　二酸化炭素の排出は，開発途上国での増加が著しく，UNFCCCの目的である「気候システムに（危険な）人為的な影響を与えることを防止するレベルの間に，大気中の温暖化効果ガスの濃度を安定化すること」を達成するには，何らかの対策が必要である。先進諸国の足並みがそろわなければ，開発途上国の協力を得ることもできない。したがって，各国が，産業革命時と同様に競争的に資源および環境を消費し続けると，いずれは地球全体が破綻するおそれがある。この人間社会の現象は，ガレット・ハーディンが提唱した「共有地の悲劇（コモンズの悲劇）」を発生させてしまう可能性を示している（図3-2-3参照）。

　共有地の悲劇とは，「誰でもが利用できる牧草地（共有地）に，人々がこの放牧地に羊を飼っていることを想定する。例えば，ある人が羊を過剰放牧して，放牧地に公平に分配されているはずの牧草の自分の取り分より多く得ると，その者はその分多く利益を得ることができる。対して，その他の人々はその者の利益分を均等に損害分担することとなる。利益を得る者は，その後限りなく羊を増やし続け，いずれ他の者も同様な行為に及ぶようになる。その結果，この放牧地（共有地）は，荒廃することとなる」ことを意味している。作者ガレット・ハーディン（生物学者）は，この悲劇を環境破壊の逃れようとしても逃れることのできない要因として挙げている。

（3）　京都議定書

　1997年12月1日〜10日に実施されたUNFCCC第3回締約国会議（COP3：[1] The 3rd Session of the Conference of the Parties to the United Nations Framework Convention on Climate Change ［日本／京都］）において採択された「京都議定書」[2]

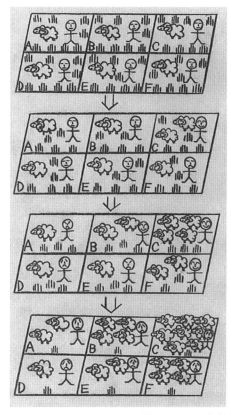

1　耕地が均等に利用されている。

2　Cが個人的利益を増加させるために羊の数を増やす。（Cの増産）

3　C，B，Fが利益増加ために羊の数を増やす。
　　羊の増加が止まらなくなる。
限界（破滅）へ近づく。

4　羊の増加で耕地が破綻する。

図3-2-3　共有地の悲劇

「共有地の悲劇」（ガレット・ハーディン）は，1968年6月米国ユタ州立大学で開かれた米国科学振興協会太平洋支部の会合の会長演説の資料として提出され，その後「サイエンス」誌1968年12月13日号（162巻，1243頁～1248頁）に掲載されたものである。

で，世界で初めて二酸化炭素など地球温暖化物質を国際的に削減することが定められた。

①　温室効果ガス

地球温暖化の原因物質として，次の6物質が定められた。

二酸化炭素，メタン，亜酸化窒素，ハイドロフルオロカーボン（HFC），パーフルオロカーボン（PFC），六フッ化イオウ（SF_6）

② 温室効果ガスの削減目標

1990年（HFC, PFC, SF$_6$は1995年）の排出を基準として，温室効果ガスを2008年から2012年（第一約束期間）までに先進国全体で5.2%削減することとなった（第3条数量的コミットメント）。

主要国の削減率^{*3}は日本6%，米国7%，EU8%，ロシア0%，オーストラリアが−8%などとなった（ただし，米国は京都議定書第一約束期間から脱退）。

しかし，各国の削減率の数値には科学的な根拠がなく，政治的な影響が極めて濃く，削減目標値としては妥当性がなかった。各国のエネルギー等使用量の削減を一方的に定めたものであり，今後，対策を行わなくてはならない途上国等の議定書への参加に対するインセンティブを失わせるものであった。世界各国の人を平等に考えるならば，国の排出削減率ではなく，1人あたりの排出可能量を定めるべきである。ただし，寒冷地の暖房など地理的な配慮を検討するべきであろう。しかし，経済格差における既得権がある以上，経済的配慮を中心とした政治的な合意が優先されてしまい，そもそもの地球温暖化防止を考えることのプライオリティは低くなってしまった。さらに，UNCEDで採択されたリオ宣言第7原則で定められた「先進国の差異ある責任」で途上国における地球温暖化原因物質の削減を先進国が負担することが，現在では経済的に非常に困難になっている。

なお，EUについては，域内での共同達成が認められている（第4条）。共同達成（バブル）は，大気汚染防止方法として米国で考え出された制度である。米国大気浄化法（Clean Air Act：CAA）第173条では，「地域の総許容排出量」を定め，個々の事業所からの排出量の合計で削減目標達成が認められている。その結果，火力発電所等から排出される二酸化硫黄に関する排出権の市場が形成された。排出権市場では，汚染物質（この場合二酸化硫黄）の排出許容量を総枠として設定し，個々の汚染主体（個別企業ごとなど）ごとに一定の排出する権利を割り当て，余剰または削減された量の取引が行われている。

③ 京都メカニズム

京都議定書に定めた地球温暖化物質を削減するために次の政策的手法が実施された。

Horitsubunka-sha B◎◎ks Catalogue 2019

法律文化社
出版案内
2019年版

■新テキストシリーズ登場！

ユーリカ民法
田井義信 監修

2 物権・担保物権　渡邊博己 編
2500円

3 債権総論・契約総論
上田誠一郎 編
2700円

4 債権各論　手嶋豊 編　2900円

【続刊】1 民法入門・総則
　　　　5 親族・相続

スタンダード商法

Ⅰ 商法総則・商行為法
北村雅史 編
2500円

Ⅴ 商法入門　髙橋英治 編　2200円

【続刊】Ⅱ 会社法　Ⅲ 保険法
　　　　Ⅳ 金融商品取引法

■ベストセラー

憲法ガールⅡ
大島義則　2300円
小説形式で司法試験論文式問題の解き方を指南。

憲法ガール Remake Edition
大島義則　2500円
2013年刊のリメイク版！

好評シリーズのリニューアル

新プリメール民法
2500〜2800円

1 民法入門・総則
2 物権・担保物権法
3 債権総論
4 債権各論
5 家族法

新ハイブリッド民法
3000〜3100円

1 民法総則
3 債権総論
4 債権各論

【順次改訂】
　2 物権・担保物権法
　5 家族法

法律文化社

〒603-8053 京都市北区上賀茂岩ヶ垣内町71 ☎075(791)7131 ㋙075(721)8400
URL:http://www.hou-bun.com/　◎本体価格(税抜)

法律

大学生のための法学 長沼建一郎
●キャンパスライフで学ぶ法律入門　2700円

スポーツ法へのファーストステップ
石堂典秀・建石真公子 編　2700円

イギリス法入門 戒能通弘・竹村和也
●歴史、社会、法思想から見る　2400円

「スコットランド問題」の考察
●憲法と政治から　倉持孝司 編著　5600円

法の理論と実務の交錯　11600円
●共栄法律事務所創立20周年記念論文集

スタディ憲法
曽我部真裕・横山真紀 編　2500円

大学生のための憲法
君塚正臣 編　2500円

講義・憲法学　3400円
永田秀樹・倉持孝志・長岡 徹・村田尚紀・倉田原志

憲法改正論の焦点 辻村みよ子
●平和・人権・家族を考える　1800円

離島と法 榎澤幸広　4600円
●伊豆諸島・小笠原諸島から憲法問題を考える

司法権・憲法訴訟論 上巻／下巻
君塚正臣　上：10000円／下：11000円

司法権の国際化と憲法解釈 手塚崇聡
●「参照」を支える理論とその限界　5600円

行政法理論と憲法
中川義朗　6000円

大学における〈学問・教育・表現の自由〉を問う
寄川条路 編　926円

公務員をめざす人に贈る 行政法教科書
板垣勝彦　2500円

公共政策を学ぶための行政法入門
深澤龍一郎・大田直史・小谷真理 編　2500円

過料と不文の原則
須藤陽子　3800円

民法総則　2000円
生田敏康・下田大介・畑中久彌・道山治延・蓑輪靖博・柳 景子

民法の倫理的考察 ●中国の視点から
趙 万一／王 晨・坂本真樹 監訳　5000円

電子取引時代のなりすましと「同一性」外観責任
臼井 豊　7200円

組織再編における債権者保護
●詐害的会社分割における「詐害性」の考察
牧 真理子　3900円

会社法の到達点と展望
●森淳二朗先生退職記念論文集　11000円

―社会の事象を検証する―

◆法学の視点から

**18歳から考える
家族と法**　2300円
[〈18歳から〉シリーズ]
二宮周平

ライフステージの具体的事例を設け、社会のあり方を捉えなおす観点から家族と法の関係を学ぶ。

◆政治学関係の視点から

**デモクラシーと
セキュリティ**　3900円
グローバル化時代の政治を問い直す
杉田 敦 編

境界線の再強化、テロリズム、日本の安保法制・代議制民主主義の機能不全など政治の諸相を深く分析。

◆平和学の

**沖縄平和
アジェン**
怒りを力にする

政治／平和学・平和研究／経済・経営

◆　視点から

論の
　　　　2500円
と方法
星野英一・島袋 純・
高良鉄美・阿部小涼・
里井洋一・山口剛史
平和と正義を手に
入れるための方途
を探る、沖縄発
「平和論」。

◆社会学の視点から

アニメ聖地巡礼の観光社会学　2800円
コンテンツツーリズムのメディア・コミュニケーション分析
岡本 健

国内外で注目を集
めるアニメ聖地巡
礼の起源・実態・機
能を、聖地巡礼研
究の第一人者が
分析。

◆社会保障の視点から

貧困と生活困窮者支援　3000円
ソーシャルワークの新展開

埋橋孝文
同志社大学社会福祉教育・
研究支援センター 編

相談援助活動の
原点を探り、研究
者が論点・争点をま
とめ、理論と実践の
好循環をめざす。

社会学／社会一般／社会保障・社会福祉／教育

改訂版

　（i）　排出量の取引（Emissions Trading［ET］）または排出権取引　　ある国が排出削減目標を超えて達成した場合，その排出量を他の国に有償で譲渡すること（第6条，第17条）。締約国が排出枠である割当量（Assigned Amount Units ［AAU］）の一部分を移転することにより，削減目標を達成しようとするシステムである。

　しかし，地球温暖化原因物質の排出する権利を購入することにより，合法的に排出を認めることとなる。

　（ii）　共同実施（Joint Implementation［JI］）　　ある国が，他の国で排出量削減事業を実施し，排出量を減らした場合，その削減量を自国の削減量に繰り入れできるシステムのこと（第4条）。UNFCCC附属書Ⅰに記載されている国の間で排出削減，吸収促進事業を共同で実施した場合を共同実施という。

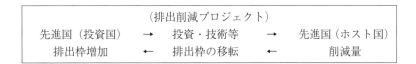

（排出削減プロジェクト）

| 先進国（投資国） | → | 投資・技術等 | → | 先進国（ホスト国） |
| 排出枠増加 | ← | 排出枠の移転 | ← | 削減量 |

　また共同実施プロジェクトから得られる排出枠は，排出削減ユニット（Emission Reduction Units［ERU］）という。

　（iii）　CDM（Clean Development Mechanism）　　開発途上国が，排出量削減事業を実施し，その削減量を先進国へ有償で譲渡し，譲り渡された先進国の削減量に繰り入れること（第12条）。排出枠を持つ国が開発途上国で実施した排出削減事業を実施した場合をCDMという。

（排出削減プロジェクト）

| 先進国（投資国） | → | 投資・技術等 | → | 開発途上国 |
| 排出枠増加 | ← | 削減量 | ← | |

　CDMプロジェクトには次のようなものがある。

　ⓐ吸収源プロジェクト（植林），ⓑ再生可能エネルギーの導入，ⓒ最終消費におけるエネルギー効率の改善，ⓓエネルギー供給分野でのエネルギー効率の改善，ⓔ燃料の転換など。

　ただし，開発途上国とのCDM契約関係が不安定であったり，途上国の政情不安によりプロジェクト自体が消滅してしまうおそれもある。

　④　JI・CDMに関する民間企業の投資

　共同実施やCDMでは，民間の投資や技術移転が重要な項目となっており，京都議定書では，これら規定について下記の内容の条文が示されている。

　　(i)　共同実施：締約国はその責任により，本条に基づく排出削減ユニットの生成・移転・獲得につながる活動へ，法律上の事業体の参加を認めることができる（第6条3項）。

　　(ii)　CDM：クリーン開発メカニズムのもとで，排出量削減量の取得に参加する主体には，民間または公共事業体も含むことができる（第12条9項）。

（4）　わが国の地球温暖化防止に係る法制度

　わが国では，「地球温暖化対策の推進に関する法律」が，1998年10月に制定されている。その後，第7条「基本方針並びに政府の事務及び事業に関する実行計画等」に基づいて，1999年4月に「地球温暖化対策に関する基本方針」（総告23，改正2000年12月）が公表され，国内の対策の方針が示された。また，第12条に基づき全国地球温暖化防止活動推進センターが設立され，インターネット等で地球温暖化対策に関する普及啓発活動が行われている。

　また，具体的な方策として，1998年に「地球温暖化対策推進大綱」が策定され，2005年4月に「京都議定書目標達成計画」に改訂されている。2008年7月に行われた洞爺湖サミットでは，わが国は2050年までに世界全体の地球温暖化原因物質排出量を半減する長期目標を提案している。その後，UNFCCCのCOP19（ポーランド・ワルシャワ）では，わが国は2013年11月には，2020年の削減目標を2005年比3.8％減とすることを説明し，「Actions for Cool Earth：ACE（エース）」に取り組むことを表明している。しかし，3.8％は，極めて少ない量であり，再検討する必要がある。そもそも，この目標でさえ達成されていない。

（5）パリ協定

　UNFCCCに基づく京都議定書で定めた第一約束期間（2008～2012年）での大気中の地球温暖化原因物質削減規制は失敗に終わっている。その後，前述の通り，当該議定書発効前に脱退している米国に加え，京都議定書の第二約束期間（2013～2020年）に向けての取り組みからロシア，カナダ，及び日本が不参加となったため国際的取り組みは実質的な効果は期待できなくなった。

　その代替策として，2015年12月に2020年以降の新たな規制の枠組みを定めた「パリ協定」が採択され，翌年11月に発効した。当該協定では，全加盟国・地域が自主的な削減目標を国連に提出し，達成に向けた自国の対策実施を義務づけた。協定発効時には，米国，中国，ロシア，カナダ，日本，EUなど147ヵ国・地域（世界排出量の約86％）が独自にそれぞれの方法で削減する目標を発表している。各国が実施した対策の進捗状況については，2023年から5年ごとに点検することとなっている。

　地球温暖化対策の目標は，平均気温の上昇を産業革命前から2℃未満に抑えることと曖昧な表現で定められた。気候変動や海面上昇の影響を既に受けている島嶼地域の国などから1.5℃未満に抑えることが強く求められたが，締約国間でコンセンサスが得られず努力目標とされている。その後の締約国会議では，途上国が地球温暖化の原因物質を削減するための資金は，先進国から支援することを義務（obligation）として要求した。しかし，先進国は努力（effort）としたため議論が紛糾し合意は得られていない。なお，中国は先進国ではなく途上国として対応している。さらに2017年6月に米国が京都議定書採択時と同様に自国の経済的不利益を理由に脱退を表明している。

　地球温暖化は，既に不可逆的となっており，今後はこの変化に適応していかなければならない状況になっているとの科学的見解が主流である。日本では2018年2月に環境省，文部科学省，農林水産省，国土交通省，気象庁が共同で「気候変動の観測・予測及び影響評価統合レポート2018～日本の気候変動とその影響～」を発表し，地球温暖化になることを予想してその影響を分析している。そして「気候変動適応法」が，「地球温暖化，気候変動に起因して，生活，社会，経済及び自然環境における気候変動影響が生じていること並びにこれが

長期にわたり拡大するおそれがあることに鑑み，気候変動適応に関する計画の
策定，気候変動影響及び気候変動適応に関する情報の提供その他必要な措置を
講ずることにより，気候変動適応を推進し，もって現在及び将来の国民の健康
で文化的な生活の確保に寄与すること」（第1条）を目的として同年6月に制定
され12月に施行となっている。本法律では，「気候変動影響」を「気候変動に
起因して，人の健康又は生活環境の悪化，生物の多様性の低下その他の生活，
社会，経済又は自然環境において生ずる影響」（法第2条第1項）と定義してい
る。「気候変動適応」は，「気候変動影響に対応して，これによる被害の防止又
は軽減その他生活の安定，社会若しくは経済の健全な発展又は自然環境の保全
を図ること」（法第2条第2項）としている。

　パリ協定による規定において気候変動への適応を今後どのように対処してい
くのか注目される。

3.2.2　エネルギーの安定供給

　わが国の新エネルギー導入に関しては，1980年に「石油代替エネルギーの開
発及び導入の促進に関する法律」（以下，石油代替エネルギー法とする）が制定さ
れ，各種エネルギー供給量の目標を設定している。その後，地球温暖化原因物
質の排出を抑制するために「非化石エネルギーの開発及び導入の促進に関する
法律」（以下，非化石エネルギー法とする）が代替法として2011年から施行され，
石油代替エネルギー法は廃止された。また，省エネルギー政策に関しては，熱
管理法の代替法として，1979年に「エネルギーの使用の合理化に関する法律」（以
下，省エネルギー法とする）を制定し，一定の判断基準を設定している。

　これらの規定は，「地球温暖化対策の推進に関する法律」等の排出量削減目
標達成には，非常に重要な視点であり，環境効率向上にも大きく関わる。

（1）　エネルギー政策基本法

　わが国のエネルギー政策の枠組みとなる「エネルギー政策基本法」（以下，政
策基本法とする）が2002年6月14日に公布と同時に施行されている。政策基本
法は，個別法（石油代替，省エネルギー，新エネルギー普及などの関連法）の基礎を

なす基本方針を定め，エネルギー基本計画を政府（閣議決定）に策定させている。なお，米国やスウェーデンでは，以前から議会や法律によってエネルギー政策が審議・決定されている。

　本法の目的（第1条）は，「エネルギーの需給に関する施策に関し，基本方針を定め，並びに国及び地方公共団体の責務等を明らかにするとともに，エネルギーの需給に関する施策の基本となる事項を定めることにより，エネルギーの需給に関する施策を長期的，総合的かつ計画的に推進し，もって地域及び地球の環境の保全に寄与するとともに我が国及び世界の経済社会の持続的な発展に貢献すること」となっており，エネルギーの需給の誘導などに関する施策の基本を定めている。しかし，供給の誘導に関する施策を定めるものではない。

　基本的な方針は，「安定供給の確保」（第2条），「環境への適合」（第3条），「市場原理の活用」（第4条）の面からのアプローチを行っている。

（2）　非化石エネルギー法

　化石燃料は，採掘時および燃焼時に有害物質（イオウ酸化物等）を排出すること，地球温暖化の主要な原因物質である二酸化炭素が燃焼時に発生すること，他方石油，天然ガス等は比較的早く枯渇するおそれがあることから，気候変動等の防止等環境対策，エネルギーの安定供給の両面から非化石エネルギーの普及が重要となってきている。特にわが国はエネルギー資源がほとんど存在しないため，新たなエネルギー供給の必要性は高いと考えられる。もっとも，日本近海でメタンハイドレート（天然ガス）が漏出なく効率的に採取できるようになったり，核融合発電が最小のリスクで可能になるなど技術が実現・普及すればエネルギーの安定供給は確保され，環境保護と比較衡量されることになる。遠い将来の環境保全に理解が示されることに期待したい。

　「非化石エネルギー法」の目的（第1条）は，「非化石エネルギーを利用することが，内外の経済的社会的環境に応じたエネルギーの安定的かつ適切な供給の確保及びエネルギーの使用に係る環境への負荷の低減を図る上で重要となっていることにかんがみ，非化石エネルギーの開発及び導入を総合的に進めるために必要な措置を講ずることとし，もって国民経済の健全な発展と国民生活の

安定に寄与すること」となっている。「内外の経済的社会的環境に応じた」対応を鑑みており，わが国一国だけの対処でエネルギーの安定確保，および環境保全が困難であることが示されている。

　また，「非化石エネルギー」の定義は，化石燃料（原油，石油ガス，可燃性天然ガスおよび石炭並びにこれらから製造される燃料）および副次的に得られる燃料（揮発油，灯油，軽油，重油，石油アスファルト，石油コークス，可燃性天然ガス製品，コークス，コールタール，コークス炉ガス，高炉ガス，転炉ガスおよび水素［原油，石油ガス，可燃性天然ガスまたは石炭に由来するものに限る。］）以外の熱，動力となっており，原子力も含まれる（第2条，非化石エネルギーの開発及び導入の促進に関する法律第2条1号の原油等から製造される燃料を定める省令）。

　わが国の「非化石エネルギーの供給目標」は，閣議決定を経て経済産業大臣が総合的なエネルギーの供給の確保の見地を踏まえ定め，公表しなければならない（法第3条）。原子力に係る部分については，「原子力基本法2条に規定する基本方針に基づいて行われる原子力に関する基本的な政策について十分な配慮を払わなければならない」（第3条3項）となっている。

　石油代替エネルギー法から非化石エネルギー法に改正されてはじめての「供給目標」の発表（2014年4月）では，非化石エネルギーの種類およびその種類ごとの供給数量の明確な目標は示されず，原子力発電は，ベースロード電源と位置づけられた。原子力利用については2011年3月に東日本大震災による東京電力福島第一原子力発電所事故以降，リスク対策について十分な理解が得られず，わが国の原子力発電所が停止したままでの当該判断であったため，社会的な批判が大きかった。ただし，わが国にはエネルギー資源がほとんどなく，国際的に需要と供給のバランスが崩れ高額となった天然ガス等を大量に購入する経済的な余裕があまりなかったことも事実である。

（3）　新エネルギー法

　新エネルギーの普及に関しては，1997年に制定された「新エネルギー利用等の促進に関する特別措置法」（以下，新エネルギー法とする）によって図られている。この法律で定義する「新エネルギー利用等」とは，「非化石エネルギー法」

第2条に規定する「非化石エネルギーを製造し，若しくは発生させ，又は利用
すること及び電気を変換して得られる動力を利用することのうち，経済性の面
における制約から普及が十分でないものであって，その促進を図ることが非化
石エネルギーの導入を図るため特に必要なものとして政令で定めるもの」と
なっている。したがって，経済的に利益が見込める（すでに普及している）非化
石エネルギーは，本法律から除外されることとなる。原子力発電（LCAで算出
した場合利益が見込めないとする報告もある），出力が1000kWを超える水力発電，
水蒸気（大気圧で沸点が100℃以上）を利用する地熱発電などは対象とならない。

　本法施行令（政令）で定めた「新エネルギー利用等」（2008年2月最終改定［2019
年9月現在］）は，以下の10種類となっている（法施行令第1条）。

① 動植物に由来する有機物であってエネルギー源として利用することがで
きるもの（原油，石油ガス，可燃性天然ガスおよび石炭並びにこれらから製造さ
れる製品を除く。バイオマスという）を原材料とする燃料を製造すること。

② バイオマスまたはバイオマスを原材料とする燃料を熱を得ることに利用
すること（⑥に掲げるものを除く。）。

③ 太陽熱を給湯，暖房，冷房その他の用途に利用すること。

④ 冷凍設備を用いて海水，河川水その他の水を熱源とする熱を利用するこ
と。

⑤ 雪または氷（冷凍機器を用いて生産したものを除く。）を熱源とする熱を冷
蔵，冷房その他の用途に利用すること。

⑥ バイオマスまたはバイオマスを原材料とする燃料を発電に利用するこ
と。

⑦ 地熱を発電（アンモニア水，ペンタンその他の大気圧における沸点が100℃未
満の液体を利用する発電に限る。）に利用すること。

⑧ 風力を発電に利用すること。

⑨ 水力を発電（かんがい，利水，砂防その他の発電以外の用途に供される工作物
に設置される出力が1000kW以下である発電設備を利用する発電に限る。）に利用
すること。

⑩ 太陽電池を利用して電気を発生させること。

　本法制定当時は,「新エネルギー」は,「石油代替エネルギー法」で定める石油代替エネルギーとしていたが,「非化石エネルギー法」への変更に伴い,石炭,天然ガス,メタンハイドレートは検討対象から除外され,これらを改質（分解）して得られる水素（燃料電池の燃料等）も対象外となると考えられる。

（4）　RPS法

　新エネルギー（または,再生可能エネルギー）の使用割合について基準を示し,電力会社に導入の比率（または導入量）を義務づけ,新エネルギーを普及させることを目的としたシステムをRPS（Renewable Portfolio Standard）制度という。

　米国は,1973年および1979年に発生したオイルショックで,中東地域から輸入される石油依存によるエネルギー供給構造を見直し,エネルギーの安定供給を図るためにRPS制度を導入している。コジェネレーションなど発電の効率化,および風力,小規模水力,太陽光,バイオマスなどで発電した電力の購入を電力会社に義務づけた公益事業規制政策法（Public Utility Regulation Policy act of 1978［PURPA法］）を1978年に制定し,エネルギー調達源の多様化を進めた。しかし,電力供給事業が投資の対象となり,金融が不安定になると電力供給も影響を受け,かえって安定な電力供給を失い,安全保障面を脅かすリスクも発生した。その後,米国政府は景気刺激策として制定した「米国再生再投資法（American Recovery and Reinvestment Act［ARRA］）」の中で2009年2月にスマートグリット（smart grid）[*4]を推進し,エネルギーの安定供給および環境保全と同時に雇用創出を目的として,エネルギー密度が低いが再生可能な太陽光発電,風力発電など新エネルギーの拡大と,省エネルギー事業の活性化が図られた。

　英国では17世紀以降,度重なる戦争と産業の発展で国内のバイオマスいわゆる森林の多くが消費され消滅し,産業革命以後は石炭も大量に消費されている。その後,英国とノルウェーで採掘を行っている北海油田が重要なエネルギー源となっている。しかし,数年で枯渇するおそれがあるため（経済的採掘が不可能になる）,その対処が検討されている。その対処の1つとして,RPS制度を導入し1989年に「電気法（Electricity Act［of 1989］）」にNFFO（Non Fossil Fuel Obligation：非化石燃料使用義務）を定めている。本法により,政府の管理下で入

札方式（告示）によって非化石エネルギーの売買が実施されている。対象となっているエネルギー源は，対象として風力，水力，太陽光，波力，バイオマス，廃棄物などによって発電されたものである。2011年5月に英国気候変動委員会が発表した「The Renewable Energy Review」では，当該レポート発表時点における再生可能エネルギー導入量の3％から2030年までに45％に増加することが可能であるとしている。この試算は将来のエネルギーコストの分析等に基づいている。

　わが国でも，RPS法として「電気事業者による新エネルギー等の利用に関する特別措置法」が2002年12月に施行された。本法で対象とした新エネルギーは，①風力，②太陽光，③地熱，④水力（水路式の1000kW以下の水力発電），⑤バイオマスである。なお，水力で新エネルギー法と同様に水路式の1000kW以下の水力発電に限られているのは，1000kWを超えるダム式等の発電はすでに技術がほぼ確立しており，経済性の面における制約が小さいためである。国内の新エネルギーによる発電量を増加させるために，電気事業者に新エネルギーを一定量以上利用することを義務づけており2003年から順次利用割合が引き上げられていた。この新エネルギー等電気利用目標量は，経済産業大臣が4年ごとに定め当該年度以降の8年間についての電気事業者による新エネルギー等電気利用の目標を定めていた（第3条）。各電気事業者は，毎年度，その販売電力量に応じ一定割合以上の新エネルギーによる電気を自社で発電，または他社（他の電気事業者，新エネルギー電気発電事業者）から購入が義務づけられていた（第4条，第5条）。

　本法の施行によりわが国の再生可能エネルギーの発電量は着実に増加していたが，「電気事業者による再生可能エネルギー電気の調達に関する特別措置法」（わが国のフィードインタリフ制度）が2012年7月に施行されたため，この制度（わが国のRPS法）は廃止となった。計画的に進められていたわが国の再生可能エネルギーによる発電量割合の拡大は，白紙となってしまった。わが国の新エネルギー導入は，長期的な視点を持った計画的な施策となっているとは考えがたく，今後，合理的な政策が新たに進められることが望まれる。

（5）　フィードインタリフ

　ドイツは，電力会社に個人や企業が再生可能エネルギーによって発電した電力の買取義務を規定したRPS制度「電力買い取り法（または，電力供給法）」を1991年に制定している。当該法によって風力発電は，1999年末で施設数約7900基，総発電容量約440万kWと拡大し，当時世界最大となった。ドイツ政府は，さらに再生可能エネルギーの普及を図るために，当該法を発展させた「再生可能エネルギー法」を2000年に制定した。本法の中には，再生可能エネルギーの普及を経済的誘導により進めるために，新たな規定として「個人等が再生可能エネルギーを利用し発電した電気を電力会社が固定価格で長期間買い取りをすることを義務化」したフィードインタリフ（Feed-in Tariff：以下，FITとする）制度が取り入れられている。本制度の対象となるエネルギー源は，風力，太陽光，地熱，小型水力，廃棄物埋立地や下水処理施設等から発生するメタンガス，バイオマスである。

　再生可能エネルギー普及への誘導は順調に進み，ドイツ国内の発電量に占める割合は，FIT導入時の2000年に6.2％だったものが2012年には22.4％へと大幅に増加している。風力発電施設数は2004年9月にFIT導入前の1999年の2倍となり1万6017基に達し，総発電容量も4倍の約1570万kWになっている。他方，2004年にFIT制度における買取価格を引き上げた太陽光発電の導入量が急激に増加し，2012年の太陽光総発電容量の導入は，760万kWとなった。風力発電施設の大型化も進み，2012年の風力総発電容量および太陽光発電総発電容量は，3600万kWに達している。また，2010年9月にドイツ政府の定めたRPS法上の目標値（電力供給に占める再生可能エネルギーの割合）は，2020年に35％，2050年に80％と非常に高く，2012年1月から施行された改正法でFITの細則（再生可能エネルギー導入のロードマップ，エネルギー資源ごとに定められた条件に応じた買取価格，2年ごとに政府が状

図3-2-4　デンマーク・ウィンドファーム

況を調査報告）が具体的に定められた。

　FIT制度は，オーストリア，イタリア，スペイン，デンマークなど欧州の国々に取り入れられ，再生可能エネルギーが普及し，新たな風力発電設備や太陽光発電設備に関連する市場も広がった。

　しかし，FITの問題点として，電気事業者が買い取りに要した費用は電気料金に上乗せされるため電気代が高騰し，消費者の経済的負担が大きくなることが挙げられる。再生可能エネルギーはエネルギー密度が低いことからエネルギー需要を賄うには莫大な設備が必要となる。発電用の電子機器等のメンテナンスも含めるとコストはさらに増加する。したがって，安価な買取価格では普及は見込めない。

　ドイツでは，太陽光発電の買取価格が高いことから発電容量の急増は，電力の供給コストを押し上げた。加えて，産業への経済的な負担を軽減するために鉄鋼や化学など大規模需要者を対象とした賦課金の負担免除を拡大したり，対象となる企業を広げたことで，電気代が大きく上昇した。その結果，2013年の電気料金は2012年に比べ47％も上昇してしまった。この状況に対処するために2013年より再生可能エネルギーによる電力の買取価格の値下げを余儀なくされた。他方，ドイツ政府は，北海，バルト海にオフショア（海上）における風力発電設備を2030年までに6000基近く設置する計画も立てており，別途RPS制度の目標値（2010年9月策定）に向かって施策を進めている。

　また，2009年に起きた欧州金融危機により欧州のFIT制度は行き詰まり，スペインでは，景気悪化（欧州の金融不安）により2009年に買い取り価格を大幅に引き下げ，政権が交代した2012年には新規の買取を一時中止している。ドイツも2017年に競争入札制度へ移行した。経済的誘導は不確定な要因による影響を受ける可能性があり，再生可能エネルギーを確実に進める方法としては適していないと考えられる。

　わが国のFIT制度としては，2009年に施行された「エネルギー供給事業者による非化石エネルギー源の利用及び化石エネルギー原料の有効な利用の促進に関する法律」（エネルギー供給構造高度化法）によって太陽光発電のみを対象とした（高額）固定価格長期間買い取り制度が始まっている。当時，一部条例でも

購入時の助成金等が行われ，地方公共団体も経済的支援を行っている。RPS法
である「電気事業者による新エネルギー等の利用に関する特別措置法」も施行
されており，発電に関して法令の効力を持った再生可能エネルギーの導入率向
上と経済的な誘導による市場拡大が別々に実施されていたこととなる。

その後，2011年3月に起きた東日本大震災に伴う福島第一原子力発電所の事
故を発端に原子力発電に関する巨大なリスクが顕著となり，全国の原子力発電
からの電力供給が停止する事態となった。この影響で自然のエネルギーを利用
する再生可能エネルギーによる発電に注目が集まった。この社会状況を受け
て，新たにFIT制度として，2012年7月から「電気事業者による再生可能エネ
ルギー電気の調達に関する特別措置法」（以下，再生可能エネルギー特別措置法と
する）が施行された。本法律では，経済的な誘導をもって普及を図る「再生可
能エネルギー源」の対象を下記のものに拡大している（第2条4項）。

① 　太陽光
② 　風力
③ 　水力
④ 　地熱
⑤ 　バイオマス（動植物に由来する有機物であってエネルギー源として利用するこ
　　 とができるもの［原油，石油ガス，可燃性天然ガスおよび石炭ならびにこれらから
　　 製造される製品を除く］をいう）
⑥ 　上記に掲げるもののほか，原油，石油ガス，可燃性天然ガスおよび石炭

図3-2-5　メガソーラー

ならびにこれらから製造される製品以外のエネルギー源のうち，電気のエ
ネルギー源として永続的に利用することができると認められるものとして
政令で定めるもの

なお，調達価格（再生可能エネルギー電気の1kWhあたりの価格）および調達期
間（明示された調達価格による調達に係る期間）については，毎年度（必要があると
認めるときは半期ごと）経済産業省告示で示されることとなっている（第3条1
項，および6項）。ただし，2009年に施行された「エネルギー供給構造高度化法」
も同時に施行されているため，告示では当該法による再生可能エネルギー源調
達との関係も考慮し示されている。対して，前述の通り「再生可能エネルギー
特別措置法」の施行によりRPS法である「電気事業者による新エネルギー等の
利用に関する特別措置法」が廃止となってしまったことから電力会社の再生可
能エネルギー利用率を高める義務はなくなっている。景気の悪化や燃料コスト
の上昇等で，一般公衆が受け入れられない程度に電気価格が高騰すると買取価
格の引き下げ，または中止になることも予想され，経済的誘導が働かなくなる
と再生可能エネルギーによる発電量減少の可能性もある。

さらに，再生可能エネルギーはエネルギー密度が低いため，莫大な施設を設
置しなければ，原子力発電の代替となりえない。FITによる経済的な誘導に
よって利益に注目しすぎてしまうと，莫大な自然環境の喪失や新たな公害を発
生させてしまうことも懸念される。第1回低炭素電力供給システム研究会が発
表（2008年7月8日）した試算では，原子力発電所100万kW級原子炉1基分の
敷地面積は，0.6km²（建設費：約2800億円）で，同等の発電容量で比較すると，
太陽光発電は山手線内とほぼ同じ約58km²（建設費：約3.9兆円），風力発電は山
手線内の3.4倍の約214km²（建設費：約8700億円）と示している。再生可能エネ
ルギーの将来の利用率を定め，計画的に進めなければFITが効果的に機能する
ことは難しい。

（6） わが国の電力供給システム

わが国の電力供給に関する主要な規制は「電気事業法」によって定められて
いる。一般公衆等に電気を供給している電力会社は，"一般電気事業者"と呼

図3-2-6　IPP事業者（化学プラント）

ばれ，「（不特定多数）一般の需要に応じて電気を供給する者」（法第2条1項）と
され，北海道電力株式会社，東北電力株式会社，東京電力株式会社，中部電力
株式会社，北陸電力株式会社，関西電力株式会社，中国電力株式会社，四国電
力株式会社，九州電力株式会社，沖縄電力株式会社の10社がある。

　一般電気事業者に電気を供給する事業者で，200万kW超の設備を有する発
電業者は"卸電気事業者"と呼ばれ，電源開発株式会社（J-POWER）および日
本原子力発電株式会社がある。200万kW以下でも公営（水力発電等），共同火力
も"みなし卸電気事業者"とされる（第2条2項，3項，施行規則第2条）。

　「電気事業法」の1995年改正（4月制定，12月施行）で，電力自由化の一環と
して一般電気事業者への電力の卸販売業者の対象が広げられ，自家発電が備
わっている民間の工場の余剰電力も含まれることになった（民間の工場でガス
タービンによる発電設備を新たに設置して電力供給することも可能）。この売電を行
う民間企業を，「卸供給事業者」（Independent Power Producer：以下，IPPとする，
独立系発電事業者）と呼び，「一般電気事業者に電気を供給する卸電気事業者以
外の者で，一般電気事業者と10年以上にわたり1000kW超の供給契約」，また
は，「5年以上にわたり10万kW超の供給契約」を交わしている者（第2条1項
第11号，施行規則第3条1号，2号）と定めている（鉄鋼，セメント，石油など）。
国内に潜在的に存在していた電力供給能力を活用した制度で，電力の卸供給は

入札で行われている。

その後，1999年5月に再び電気事業法が改正され，2000年3月から大口需要者への（部分的）電力小売りが始まった。この電力供給者を「特定規模電気事業者」（Power Producer and Supplier：以下，PPSとする）（第2条1項7号）といい，IPPなどが法令に定めた大口需用者へ電力を供給する事業に新規に参入することが可能になった。これにより，再生可能エネルギーによる分散型発電の供給者の幅が広がり，都市への送電が容易になったといえる。しかし，そもそも分散型発電は，地域で効率的にエネルギーを消費することで地産地消エネルギーとなるが，効率的に経済的利益を得るには発電地域から遠い都会へ大量に送電が行われると考えられる。自然環境の消費は莫大なものとなり，環境保護ではなくエネルギーの安定供給が中心になるだろう。

大口需要者とは，「一般電気事業者又は特定規模電気事業者が維持し，及び運用する特別高圧電線路又は高圧電線路から受電する者であって，契約電力（一般電気事業者又は特定規模電気事業者との契約上使用できる最大電力をいう。）が原則として50kW以上の者の需要」（施行規則第2条の2第1項1号）者をいい，地方公共事業団体，デパート，工場などが大量電力消費施設に該当する。ただし，「沖縄電力株式会社の供給区域内において一般電気事業者又は特定規模電気事業者が維持し，及び運用する特別高圧電線路から受電する者であって，使用最大電力が原則として2千kW以上の者の需要」（施行規則第2条の2第1項2号）者となっており，沖縄電力株式会社の供給区域内のみ異なった規定となっている。また，電力の供給は，原則として参入規制，供給義務，料金規制を設けていないため，個個の消費者への安定供給の面でも疑問が残る。

他方，上記の他の電気供給事業者として，特定電気事業者（限定された区域に対し，自らの発電設備や電線路を用いて，電力供給を行う事業者／第2条1項第7号，8号），特定供給（供給者・需要者間の関係で，需要家保護の必要性の低い密接な関係［生産工程，資本関係，人的関係］を有する者の間での電力供給［本社工場と子会社工場間での電力供給等］／第2条1項11号）も定められており，企業内，グループ企業内においては効率的な電気消費が可能となっている。

わが国の送電においては，各地域の一般電気事業者が独占して行っていたた

め，効率的な安定度が高い最小限の送電網となっている。新たな発電事業所か
ら送電のため新たな接続をする場合，新たな送電網が必要となる。安定した送
電のためのインフラストラクチャー新設には非常に高コストを要すると考えら
れる。他方，送電業が独立すると送電が高コストとなる過疎地域への電気代の
高騰が懸念される。また，送電される電流の周波数は，静岡県富士川から新潟
県糸魚川市を境に東日本の電気周波数は50Hz，西日本は60Hzとなっているこ
とからわが国の西と東で作られた電気の連結を難しくしている。2011年夏期に
原子力発電所の停止によって電力不足が発生した際には，電力会社間で僅かな
電力の融通がされたにすぎなかった。このため，政府が法第27条に基づいて実
施した要請「大口電力消費者（500kW以上の契約者）向けにピーク時に15％の節
電」（施行令第2条［電気の使用制限等］）で危険な状態をかろうじて回避している。

　今後は，電気を無駄なく効率的に使用するために電気の貯蔵に関し，社会的
なシステム，および技術開発をさらに実施していくことが重要である。例え
ば，長期的保存が可能な水素エネルギー（還元性：水等の電気分解による製造）の
利用（燃料電池等），これまで原子力の余剰電力等を用いて行われてきた揚水発
電の効率的利用，NaS（ナトリウムイオウ：一般に“ナス”と呼ばれている）電池の
効率化の開発・実用化など普及までのロードマップを作成し，施策を進めてい
くことが必要である。

（7）　省エネルギー

①　省エネルギー法の背景と概要

　わが国では二度のオイルショック（1973年，1979年）以降，海外の特定地域か
らの輸入資源に依存する不安定なエネルギー供給システムを改善するために，
エネルギー資源の生産性向上を目的とする省エネルギー対策と石油代替エネル
ギーの開発・導入を進める対策とが並行して行われている。省エネルギーに関
しては，第2次石油ショック時の1979年に制定された省エネルギー法が，わが
国の「工場，建築物および機械器具について，エネルギーの使用の合理化に関
する所要の措置その他エネルギーの使用の合理化を総合的に進めるために必要
な措置等を講ずること」を定めている（第1条）。

　省エネルギーは，特にコスト節減に直接つながることから企業の経営方針に受け入れやすく，エネルギー消費部門でエネルギー効率の様々な改善がすでに行われている。また，当該法では経済産業大臣によって「工場等におけるエネルギーの使用の合理化の適切かつ有効な実施を図るため，次に掲げる事項並びにエネルギーの使用の合理化の目標及び当該目標を達成するために計画的に取り組むべき措置に関し，工場等においてエネルギーを使用して事業を行う者の判断の基準となるべき事項を定め公表」(第5条)されることが定められている。

①　工場等であってもっぱら事務所その他これに類する用途に供するものにおけるエネルギーの使用の方法の改善，エネルギーの消費量との対比における性能が優れている機械器具の選択その他エネルギーの使用の合理化に関する事項

②　工場等（①を除く。）におけるエネルギーの使用の合理化に関する事項

・燃料の燃焼の合理化

・加熱および冷却ならびに伝熱の合理化

・廃熱の回収利用

・熱の動力等への変換の合理化

・放射，伝導，抵抗等によるエネルギーの損失の防止

・電気の動力，熱等への変換の合理化

　また，一定規模以上の事業所には，エネルギー管理の専門家の専任が義務づけられている（第8条）。当該専門家は，省エネルギー法第9条で定める「エネルギー管理士」(国家資格者)で，エネルギーを消費する設備の維持，エネルギー使用方法の改善，監視などを実施する。さらに省エネルギー法では，省エネルギー商品の開発，普及のためにエネルギー需給の長期見通しや関連技術の水準*5などとその他の事情を考慮して，製品の性能の向上に関する勧告や命令が行われる（第19条）。

②　京都議定書の影響を受けた1998年省エネルギー法改正以降

　1997年12月に開催された気候変動に関する国際連合枠組み条約第3回締約国会議いわゆる京都会議ののち，1998年には地球温暖化対策について政府がすべき施策を定めた「地球温暖化対策推進大綱」および地球温暖化防止に関して国，

地方公共団体，事業者，国民の役割を明確化し，国民の取り組みを促すしくみ
の設置などを定めた「地球温暖化対策の推進に関する法律」が制定され，省エ
ネルギー法も省エネルギー基準を大幅に強化した改正が行われた。

　1998年法改正で注目される規制として，トップランナー方式が導入されたこ
とが挙げられる。この方式は，電気機器や自動車の燃費の省エネルギー基準
を，現在商品化されている個々の製品のうち最も優れている機器の性能以上に
するというもので，担保措置として以前（第12条の5）の勧告に加えて，命令（第
26条）や罰則［罰金，懲役］（第27条～第31条）が定められた。

　2005年には，「地球温暖化対策推進大綱」，「地球温暖化防止行動計画」，「地
球温暖化対策に関する基本方針」を引き継ぎ新たに「京都議定書目標達成計画」
が閣議決定され，クールビズなど社会的な習慣を改めるような省エネルギー対
策が進められた。当該計画は2006年に一部改訂，2008年に全面改定を行ってい
る（2014年9月現在）。また，別途「低炭素社会づくり行動計画」が2008年に閣
議決定され，省エネルギー型テレビ，給湯器，エアコン，冷蔵庫の導入の加
速，省エネ住宅・ビル，200年住宅の普及，およびこまめな省エネやITの活用，
3Rの推進，サマータイム制度の導入の検討が示された。

　近年，事業化が進みつつあるESCO（Energy Service Company）事業やゼネコ[*6]
ンなどが行っている建築物のライフサイクルサービスで対応することが期待さ
れている。特にESCOでは，新たに第一種エネルギー管理指定工場事業者に対
して包括的なサービスが提供できるため，今回の改正対応に極めて有望な対処
方法となると考えられる。ESCO事業者は，融資を行い，省エネルギーによる
利益で回収を行うため，新たな投資が大きな負担となる事業者には極めて有効
となるだろう。

　この他，IT（Information Technology）を利用したホームエネルギー管理シス
テム（Home Energy Management System：HEMS），ビルエネルギー管理システ
ム（Building Energy Management System：BEMS），地域エネルギー管理システム
（Community Energy Management System：CEMS）で大幅な省エネルギーが各国
で進められている。住宅に関しても断熱性等を高めたZEH（net Zero Energy
House：ゼッチといわれている：太陽光発電等再生可能エネルギーを利用した創エネも

含まれる）住宅が注目されている。

③　今後の省エネルギー対策

　資源生産性の向上，環境効率の向上において，省エネルギーは有効な対策である。エネルギーの安定供給，安全保障を目的とするエネルギー政策と環境保護を目的とする環境政策は同じ方向性を持っており，技術開発，インフラストラクチャーの整備などが期待でき，企業でも，社内の対策，商品戦略，および社会貢献としても取り組みやすいといえる。

　エネルギー資源の乏しいわが国にとって，省エネルギーで消費が減少した燃料分は新たなエネルギーを得た量とみなすこともできるため，国家的な取り組みが必要である。エネルギー資源の減少，工業新興国等国際的需要増加などを受けエネルギー価格が高騰し，調達すること自体が難しくなってきているのが現状である。

　また，地球温暖化による気候変動等が科学的にほぼ明らかになってきており，その他燃焼等による有害物質の環境中への拡散，原子力発電所の事故による甚大な環境汚染など環境リスクを減少させるには，その原因となっている消費エネルギーを減少させることが，最も合理的対策である。

　すなわち，単位燃料あたりのサービス量を拡大し，ならびに環境負荷を減少させることは極めて重要な政策であるといえる。省エネルギー法をさらに発展させていくことが期待される。

【注】
＊1：気候変動に関する国際連合枠組み条約締約国会議　UNFCCCの具体的内容を検討している締約国会議（the Conference of the Parties to the United Nations Framework Convention on Climate Change：以下，COPとする）の経緯（COP1～COP7）について次に示す。
・COP1：第1回締約国会議［ドイツ／ベルリン］／The 1st Session of the Conference of the Parties to the United Nations Framework Convention on Climate Change；1995年3月28日～4月7日　ベルリンマンデート
　　2000年以降の地球温暖化ガス排出削減について数値目標を示した議定書，もしくは法的文書として第3回締約国会議で採択することを決定した。
・COP2：第2回締約国会議［スイス／ジュネーブ］：1996年7月
　　法的拘束力ある国際的内容を第3回締約国会議で設定することを決定した（ジュネー

プ宣言)。次回(第3回)会議開催地を,日本の京都とすることを決定した。

・COP3:第3回締約国会議[日本／京都];1997年12月1日〜10日(京都会議)

　気候変動に関する国際連合枠組み条約京都議定書(Kyoto Protocol to the United Nations Framework Convention on Climate Change)が,激しい議論の末1997年12月11日に採択された。わが国は,1998年4月に署名し,2002年5月に国会承認,6月に受託書寄託を行い批准している。

　地球温暖化物質が,米国の提案で二酸化炭素1物質から関連6物質に増やされた。また,米国は1990年の削減率基準年を1995年にすることを提案したが,欧州の猛烈な反対により却下となった。欧州およびわが国などは1990年から1995年の間に省エネルギー対策など二酸化炭素排出の積極的な削減を実施しており,ほとんど対策を実施していない米国などと比較し,極めて負担が大きくなる(不利)ため不公平を主張した。

・COP4:第4回締約国会議[アルゼンチン／ブエノスアイレス];1998年11月

　京都議定書発効のための京都メカニズム等システム設計(条件)についてスケジュールを決定した(ブエノスアイレス行動計画)。

　また,COP6でルール策定を完了させることを確認した。

・COP5:第5回締約国会議[ドイツ／ボン];1999年10月

　COP6をオランダ・ハーグで開催すること,および2002年までに京都議定書を発効させること(実際は失敗)を決定した。

・COP6:第6回締約国会議[オランダ／ハーグ];2000年11月(オランダハーグ会議)

　開発途上国と先進国が利害対立し,収拾がとれず会議は失敗に終った。その結果,再検討(やり直し)することとなり,COP6パートⅡ(COP6.5)の運びとなった(なお,米国が2001年3月にUNFCCC京都議定書から脱退)。

・COP6パートⅡ:第6回締約国会議[ドイツ,ボン];2001年7月16日〜27日

　事前検討(オランダ,ハーグ)として,2001年6月に先進,途上国別々に会議を開催したことが,かえって開発途上国の反感を買うこととなった(先進国だけで,国際的取り決めを作成しているとの不信感をつのらせた)。

　2001年7月20〜22日にイタリア,ジェノバで行われたG8首脳会議で,COP6について話し合われ,京都議定書に関する政治的合意の形成が行われた。

　環境NGOなどは,先進国主体で進められる本会議について抗議の姿勢を表した。

・COP7:第7回締約国会議[モロッコ,マラケシュ];2001年10月29日〜11月9日

　COP6再開会合で成立したボン合意を前提に,より詳細で具体的な運用ルールを検討し,マラケシアコード(運用細則)が採択された。

【合意事項】

①京都メカニズム:共同実施(JI),クリーン開発メカニズム(CDM),排出量取引(ET)

②土地利用,土地利用変化と林業(いわゆる吸収源)

③遵守制度

④排出量と吸収量のモニタリング,報告,審査の制度

⑤途上国問題

＊2:京都議定書で使用される用語には以下のものがある。

・ホットエア：削減期間中に排出削減数値目標より排出が少なくなる部分のことをいう。旧ソビエト連邦（FSU），中央東欧諸国（CEER）から発生することが予想されている。
・ベースライン：削減プロジェクト等が実施されなかった場合の削減量で，共同実施やCDMの際のクレジットを算出する際の基礎となるものである。
・クレジット：ベースラインに比較し得られた排出削減量のことをいう。
・ネット方式：総排出量から森林などの吸収分を差し引く方式である（第3条）。
・バンキング：削減期間中に割当枠に比べて排出量が下回った部分は，将来の割当枠の中に加えることができる（貯えることができる）システムのことをいう（第3条）。
・PDD（Project Design Document）／プロジェクト設計書：CDMのプロジェクトの概要を記載したもので，承認確認（validation）の対象となるものである。CDM理事会がフォームを公表している。
・CER（Certified Emission Reduction）：CDMプロジェクトによって取得される認証排出削減量のことである。開発途上国からUNFCCC附属書Ⅰ締約国の割当量に加えられる。
・BAU（Business-as-usual）：現状がそのまま続いた場合の予想排出量のことをいう。
＊3：気候変動に関する国連枠組み条約京都議定書　　附属書Bの各国の数値コミットメントを以下に示す。

表3-2-1　国連気候変動枠組み条約　京都議定書　附属書B
【各国の数値コミットメント】

締　約　国	数量化された排出抑制／削減のコミットメント（基準年または機関の割合（%））	締　約　国	数量化された排出抑制／削減のコミットメント（基準年または機関の割合（%））
オーストラリア	108	リヒテンシュタイン	92
オーストリア	92	リトアニア*	92
ベルギー	92	ルクセンブルグ	92
ブルガリア*	92	モナコ	92
カナダ	94	オランダ	92
クロアチア*	95	ニュージーランド	100
チェコ共和国*	92	ノルウェー	92
デンマーク	92	ポーランド*	92
エストニア*	92	ポルトガル	92
ヨーロッパ共同体	92	ルーマニア*	92
フィンランド	92	ロシア連邦*	100
フランス	92	スロバキア*	92
ドイツ	92	スロベニア*	92
ギリシャ	92	スペイン	92
ハンガリー*	94	スウェーデン	92
アイスランド	110	スイス	92
アイルランド	92	ウクライナ*	100

イタリア	92	英国	92
日本	94	アメリカ合衆国	93
ラトビア*	92		

＊市場経済への移行過程にある国

＊4：スマートグリット　　電力供給について停電などを極力防ぎ信頼性が高く，効率的な送電を行うための賢い（smart）総配電網（grid）のことをいう。情報通信技術およびネットワーク技術を駆使して個々の家庭の電力消費状況をスマートメーターで管理し，関連のインフラストラクチャーの整備等を行う。米国が当時進めていたグリーンニューディール政策の1つである。

＊5：省エネ商品　　省エネルギー法第18条，第20条に基づき，機械器具について省エネルギーの目標値と達成目標年度が機種ごとに告示され，第19条で性能向上に関する主務大臣による勧告も定められている。

＊6：ESCO事業　　ESCO事業とは，建物の事業者に省エネ用の設備や技術，資金を提供し，改装後に省エネルギーで削減されたエネルギーコスト分から代金，収益を回収する事業である。

　ESCO事業を始めた米国では，法規制によらないで省エネルギー対策ができる方法として，1990年代前半より注目されている。1994年の段階で，すでに4億5500万ドルの受注があった。ESCOのサービスとしては次のようなものがある。

　ⅰ．省エネルギー方策発掘のための診断・コンサルティング，ⅱ．方策導入のための計画立案・設計施工・施工管理，ⅲ．導入後の省エネルギー効果の計測・検証，ⅳ．導入した設備やシステムの保守・運転管理，ⅴ．事業資金の調達・ファイナンス。

第4章
有害物質の拡散を防止する方法

4.1 有害物質の汚染回避

4.1.1 汚染防止のための直接的規制 ------------------------

　汚染の再発防止対策として，有害物質が排出できる濃度または量を科学的根拠に基づき規制し安全を確保する方法を「排出規制」という。自然には，有害物質など環境中でほとんど存在しないものが放出されると，浄化しようとする機能がある。すなわち環境中の物質バランスは一定に保とうとすることから，新たに出現した微量の物質は安定で安全な物質へと変化する。しかし，この許容できる機能を超えると汚染を発生させることとなる。これらの機能を踏まえて，排出基準が定められる。わが国の環境法では，自然の媒体ごとに個別法が作られており，大気に関しては，「大気汚染防止法」（以下，大防法とする）で規制しており，臭気がある微量大気汚染物質を取り扱う場合は「悪臭防止法」が制定されている。水質に関しては「水質汚濁防止法」（以下，水濁法とする）で規制されており，海洋に関しては，「海洋汚染及び海上災害の防止に関する法律」（以下，海防法とする）が制定されている。土壌汚染再発防止対策に関しては，「土壌汚染対策法」がある。

　化学物質のリスクは，その物質の有害性（ハザード）と曝露量の積で求められるため，高い有害性のものは厳しい濃度基準総量が定められている。有害性を調査する場合に諸外国で参考とされている情報には，米国産業衛生専門家会

議（American Conference of Governmental Industrial Hygienists：以下，ACGIHとする）
が発行している「化学物質と物理因子のTLV」が挙げられる。TLVとは，限
界閾値（Threshold Limit Values）を表し，曝露時間，条件の違いによって3種
類の許容濃度（健康に悪影響を表す濃度）が示されている。

　しかし，濃度規制を中心としたモニタリング規制には次のような欠点もあ
る。

①　工場等から排出物が排出される際に水などで希釈することにより，基準
　を満たすことが可能となる。

　　この対処として，排出の総量の上限を定め，総量規制（大防法第5条の2
　［総量規制基準］および水濁法第4条の2［総量規制］）も実施されている。

②　環境規制の対象となる化学物質のみしか安全を図ることができない。

　　多くの物質についてモニタリング規制を実施すると，膨大な行政コスト
　および事業者の管理コストを要し，経済的に現実性がなくなる。

　　この対処として**4.2.2**で述べるPRTRなど，科学的な測定を伴わない
　放出・移動情報を公開する規制などが進められている。

③　新たな汚染の未然防止を図ることが難しい（再発防止が中心となる）。

（1）　大気汚染防止法と関連法

　大防法は，工場および事業場における事業活動ならびに建築物の解体等に伴
うばい煙ならびに粉じんの排出等を規制し，ならびに自動車排出ガスに係る許
容限度を定め，事業者の損害賠償の責任などを定め被害者の保護を図っている
（第1条）。

①　ばい煙

　ばい煙とは，煙突等から排出さ
れるすすなどを含む煙のことで，含
有されている有害化学物質が環境
汚染を発生させている（図4-1-1
参照）。1950年代にロンドンの家
庭では，石炭を使用した暖炉が広

図4-1-1　　ばい煙を排出する化学工場
（米国イリノイ州，1996年）

く用いられたため，石炭に含有されているイオウが燃焼して生成するイオウ酸化物が，スモッグとなって環境汚染を発生させた。英国では，その対処として1956年に大気浄化法（Clean Air Act）が制定された。わが国でも，工場からのばい煙が問題となり，産業が集中する地域でまず条例によって規制された。1932年には大阪府ばい煙防止規則，1949年には東京都公害防止条例が制定された。

　大防法は，1968年に施行され，ばい煙を次の3種類に分類し，排出規制を行っている（第2条1項）。

　(1)イオウ酸化物，(2)ばいじん（すすや燃えかすなど微粒子），(3)有害物質。

　なお「(3)有害物質」は，法施行令第1条により，次の5種類となっている。

　ⅰ カドミウムおよびその化合物，ⅱ 塩素および塩化水素，ⅲ 弗素，弗化水素および弗化珪素，ⅳ 鉛およびその化合物，ⅴ 窒素酸化物。

　大気汚染物質は，空中で3次元に拡散し濃度が希薄になることから，煙突の高さを規制するK値規制（数値が小さいほど厳しい［高い煙突］基準となる）が導入された。特にイオウ酸化物の環境基準のクリアが難しい場合や施設が集中し高濃度汚染のおそれがある地域について1968年12月以降逐次規制が実施されている。ただし，微量有害物質であってもアレルギーや慢性的影響が発生するおそれもあり，K値規制は緊急的な対処といえよう。

　また，「自動車排出ガス」も，運行に伴い発生する物質が規制されており（第2条10項），次の5物質が定められている（法施行令第4条）。

　(1)一酸化炭素，(2)炭化水素，(3)鉛化合物，(4)窒素酸化物，(5)粒子状物質。

　他方，ばい煙の排出物が発生させる汚染に酸性雨による腐食が挙げられる。酸性雨（または酸性霧）の主な原因は，イオウ酸化物（SOx）と窒素酸化物（NOx）であり，その他には，炭化水素，アンモニア，一酸化炭素，塩化水素なども原因物質である。イオウ酸化物や窒素酸化物または塩素が大気中水分に溶解することによってイオン化（硫酸，硝酸，塩酸）し，酸性の雨水となる。自然界の雨水のpHは，ほぼ5.6で，これより小さい値になると，一般的に酸性雨とされる。

　酸性雨の具体的な影響としては，「森林破壊，農作物への被害」，「土壌の酸

図4-1-2　エジプト・カイロピラミッド

図4-1-3　エジプト・アブシンベル宮殿

エジプトの多くの遺跡をはじめ世界各地の世界遺産は，酸性雨等による腐食（溶解や硫酸化合物生成など）の危険にさらされている。開発途上国で工業化が進み公害対策が実施されないと被害は拡大する。

化」，「酸性つらら」，「大理石など塩基性材料の溶解」，「金属材料の酸化による劣化」がある。酸性霧は，比較的少ない水分に空気中の酸が溶解していることと，降下せず空中に漂っていることから，酸性雨より影響が大きいとされている。わが国でも，局地的に影響が出ている。1960年代の公害では，酸性雨によって建築物や森林が腐食され大きな影響が出ている。世界遺産など酸に弱い建造物は，国際的に取り組みが進められることが望まれる（図4-1-2，3参照）。

また，窒素酸化物（NOx）や炭化水素類（HC）が紫外線を受けて発生する光化学反応生成物が原因の光化学大気汚染（光化学スモッグ）は，一般公衆に直接被害を及ぼしている。生成物は，オゾン，過酸化物，ペルオキシアセチルニトラート（peroxyacetyl nitrate [PAN]）などオキシダント（oxidant：酸化剤／光化学オキシダントともいわれる）であり，眼やのどなど粘膜を刺激し，植物も酸化してしまう。環境基準を越え気象状況から考えて汚染状況が継続されると認められる際には，都道府県知事等によって光化学スモッグ注意報（大防法第23条1項）や警報（条例等）が発令されている。

窒素酸化物は，自動車の燃焼（約1200℃以上）などから生成し，炭化水素は，有機溶剤や燃料の製造・貯蔵施設からの揮発や揮発性の高いガソリンを使用する自動車の不完全燃焼に伴い発生する。

② 有害大気汚染物質——自主的管理の促進

1996年 5 月に公布された大気汚染防止法の一部を改正する法律は，有害大気汚染物質について事業者の自主管理を促進することにより実施可能な排出抑制対策を着実に進めていくことを定めており，国や地方公共団体による大気環境モニタリングや，早急に排出等の抑制が必要な指定物質対策等とともに，有害大気汚染物質の排出等の抑制に関する事業者の責務やその実施を促進するための各種の情報の提供が規定されている。

また，1996年10月の環境庁大気保全局長通知（環大規第205号）「有害大気汚染物質の自主管理促進のための指針の策定について」では，事業者における有害大気汚染物質の自主管理に関し，その透明性を確保しつつ実効を挙げることができることを目的として環境庁（現・環境省）と通商産業省（現・経済産業省）が協力して自主管理の促進を図ることが示されている。

大気汚染防止法第 2 条13項では，「有害大気汚染物質」を，「継続的に摂取される場合には人の健康を損なうおそれがある物質で大気の汚染の原因となるもの（ばい煙及び特定粉じんを除く）をいう」としている。この有害大気汚染物質の対象となる可能性があるものとして，1996年中央環境審議会の「今後の有害大気汚染物質対策のあり方について（第二次答申）」の中で，234物質が提示されている。

1996年の改正大気汚染防止法第18条の21では，「事業者の責務」として，「事業者は，その事業活動に伴う有害大気汚染物質の大気中への排出又は飛散の状況を把握するとともに，当該排出又は飛散を抑制するために必要な措置を講ずるようにしなければならない。」と定められ，中央環境審議会答申（平成 8 年10月18日付け）により「有害大気汚染物質」の中から優先取り組み物質として22物質が選定されている。選定の考え方は，「個々の有害大気汚染物質の有害性の程度やわが国の大気環境の状況等に鑑み健康リスクがある程度高いと考えられる」ものとなっている。また，答申では，行政は「物質の有害性，大気環境濃度，発生源等について体系的に詳細な調査を行うこと」が謳われ，事業者に対しては「排出抑制技術の情報等の提供に努め，事業者の自主的排出抑制努力を促進すること」が述べられている。

　また，優先取り組み物質の中で，当面，生産・輸入量が多く，大気環境の状況が比較的よく把握されており，かつ，長期毒性があると認められ，事業者による自主管理が速やかに実施可能と考えられるものとして12物質が抽出されている。なお，1997年9月に新たにダイオキシン類が追加された。

　③　NOx・PM法

　大気環境中には，多くの粒子状物質（Particulate Matter：以下，PMとする）が存在し，特に浮遊粒子状物質は，SPM（Suspended Particulate Matter）と呼ばれている。10μm以下のPMをSPMとしている。SPMは，自然環境では，火山の噴煙，土壌，植物などから発生し，人為的には，ボイラー，暖炉，工場等の燃焼工程（ばい煙を発生する施設）やディーゼルエンジンの燃焼等で発生する。SPMは，人体へは呼吸器系の障害を発生させ，ディーゼル排気粒子（Diesel Exhaust Particles：DEP）にはベンツピレンなど発ガン物質も含まれている。「花粉症」も，植物の花粉に加えてディーゼル排気粒子（DEP）が起因していると考えられている。

　また，2.5μm以下のPMをPM2.5といい，当該物質を対象として2009年に新たな環境基準（「微小粒子状物質による大気の汚染に係る環境基準について」[平成21年9月9日環境省告示第33号]）が定められている。基準値は，「1年平均値が15μg/m^{3}以下，かつ，1日平均値が35μg/m^{3}以下」と定められている。PM2.5による健康被害としては，呼吸等で肺に吸引されると奥深くまで呼吸器に入り込み沈着し，循環器系へ悪影響を生じることが懸念されている。環境中での発生はSPMとほぼ同じであるが，気体状態の大気汚染物質が大気中での化学反応で生成されるものもあるとされている。

　また，わが国のNOx汚染に関しては，環境基準が示されているにもかかわらず，悪化の一歩をたどっている。このため，NOxの主要な排出源である自動車の規制強化の必要性が高まり，PMの排出源と類似することから「自動車から排出される窒素酸化物及び粒子状物質の特定地域における総量の削減等に関する特別措置法」（以下，自動車NOx・PM法とする）が，2001年6月に公布された。この法律は，「自動車から排出される窒素酸化物の特定地域における総量の削減等に関する特別措置法」（自動車NOx法，1992年公布）を改正したもの

で，その後2002年に二度の改正が行われている。当該法の規制方法の特徴とし
ては，車種規制を行ったことと，窒素酸化物対策地域・粒子状物質対策地域
（首都圏，愛知・三重圏，大阪・兵庫圏）を指定して規制を行ったことである。

　車種規制とは，自動車NOx・PM法の窒素酸化物対策地域および粒子状物質
対策地域に指定された地域で，トラック，バス等（ディーゼル車，ガソリン車，
LPG車）およびディーゼル乗用車に関して特別の窒素酸化物排出基準および粒
子状物質排出基準を定め，これに適合する窒素酸化物および粒子状物質の排出
量がより少ない車を使用させるための規制である。

　また，窒素酸化物対策地域・粒子状物質対策地域は，原則として，走行量密
度，自動車保有台数密度および窒素酸化物排出量密度がいずれも全国平均の3
〜4倍を超える地域で，二酸化窒素に係る環境基準を超過するおそれがある地
域がほぼ捕捉されている。

　経済的な誘導策として，NOx・PM等の最新規制値よりさらに低減しており
燃費基準（トップランナー基準）を達成している「低燃費かつ低排出ガス認定車」
は，自動車税の軽減対象になっており，ステッカーが車に付されている。

　米国で1970年に制定されたマスキー法では一酸化炭素の排出など厳しい排ガ
ス規制が定められたが，わが国の自動車メーカーは，有害ガスが少なく，燃費
がよい高性能な車を開発し，ビジネスチャンスをつかんでいる。NOx・PM法
規制をクリアすることで，欧州等での厳しい規制への対応など，国際競争力を
得ることが期待できる。

　他方，2015年に米国環境保護庁（U. S. Environmental Protection Agency）によっ
てフォルクスワーゲン（VolksWagen：以下、VWとする）車の排気ガス（NOx［窒
素酸化物］等）排出量の数値の不正が摘発され，米国司法省による捜査も行わ
れ，VWに巨額の制裁金（180億ドル以上になると予想）が課せられた。欧州等で
の不正が明らかとなり，さらに他の自動車メーカーにおける同様な不正が次々
と摘発されディーゼル車を中心に自動車排ガスへの汚染疑惑が高まった。この
影響を受けて電気自動車の普及が進められることとなった。

　④　石　綿
　石綿（アスベスト）は，人体に吸い込まれると繊維状の微細な構造が細胞の

遺伝子を刺激し，肺ガンを発生させる。この被害は，1960年代から石綿取扱い労働者および家族に発生していたことが報告されている。欧州では，ノルウェー，スウェーデン，フィンランド，デンマーク，スイス，イタリア，オランダ，ドイツおよびフランスが石綿の使用を禁止している。米国では，石綿被害について，1981年に製造物責任法に基づき被告の石綿メーカー（ジョン・マンビル）へ懲罰的損害賠償を命じる判決が下っている。この被告の石綿メーカーは翌年に倒産している。わが国の大気汚染防止法では，石綿は「特定粉じん」（大防法第2条9項，政令第2条の4）とされ，特定の施設や作業から飛散する濃度を規制している（敷地境界基準1ℓに10本以内）。建築物の解体作業等で発生した石綿については，「廃棄物の処理及び清掃に関する法律」の対象となっており，「廃石綿等」として特別管理産業廃棄物の扱いとなっている（廃棄物の処理及び清掃に関する法律施行令第2条の4第1項5号）。

　また，1995年には，労働安全衛生法施行令の改正の際に石綿の種類の中で「アモサイト」および「クロシドライト」の製造，輸入，譲渡，提供または使用が禁止され，2004年10月1日には，アモサイト，クロシドライト以外の石綿についても，指定する製品（住宅屋根用化粧スレート，クラッチライニング，ブレーキパッドなど）を対象に，製造，輸入，譲渡，提供，または使用が禁止された。さらに，2005年2月には，労働安全衛生法の特別法である特定化学物質等障害予防規則から分離された「石綿障害予防規則」が制定され，同年7月に施行となっている。これら労働法の規制によって，石綿の使用が大幅に減少している。他方，石綿による健康被害の迅速な救済（石綿による健康被害を受けた者およびその遺族に対し，医療費等を支給するための措置）を図ることを目的として，「石綿による健康被害の救済に関する法律」も2006年に公布され，2008年4月に施行されている。

　わが国の石綿の用途別シェアは，建材が約90％で，ガスケット・パッキングなど耐熱材として約10％となっている。産業界をはじめいたるところに石綿が未だ使用されている。問題となっている有害性は，慢性毒性であることから，潜在的被害者が多数存在すると考えられ，石綿に対するリスクを理解し早急に対処を行う必要がある。

⑤ ダイオキシン類

　わが国では，ダイオキシン類対策特別措置法が1999年7月に制定され，2000年1月から施行されている。人の耐容1日摂取量（TDI）は，人の体重1kg当たり4ピコg-TEQ／日（10^{-12}g-TEQ／日）となっている（同特措法第6条1項）。極めて微量の物質量が規制基準となっているため，これを正確に検出できる化学分析機関は限定される。

　なお，ダイオキシン類とは，ポリ塩化ジベンゾフラン（PCDF），ポリ塩化ジベンゾパラジオキシン（PCDD），コプラナーポリ塩化ビフェニル（コプラナーPCB）と定義される（同特措法第2条）。化学物質の構造で分類すると210種類の異性体があり，それぞれ毒性の強さは異なっているため，毒性の最も強い2,3,7,8-TCDD（2,3,7,8-四塩化ジベンゾダイオキシン）を1として，他の異性体の毒性の強さを換算してダイオキシン類全体の毒性を数値化している。この値には，数値の後ろにTEQを加えて表現される。主な発生源は廃棄物焼却施設からの排出であり，排気施設には排出基準が設けられている（同特措法第8条）。

（2）　水質汚濁防止法

　水濁法では，「工場及び事業場から公共用水域に排出される水の排出及び地下に浸透する水の浸透を規制する」ことと「生活排水対策の実施を推進する」ことの2つの面から公共用水域および地下水の水質汚濁の防止を図っている。また工場および事業場から排出される汚水および廃液に関して人の健康に係る被害が生じた場合における事業者の損害賠償の責任について定め，被害者の保護を図ることを目的としている（第1条）。

　健康項目に関わる排水基準については，事業場の規模を問わずすべての排出者に適用されるが，生活環境項目に関わる排水基準は，1日の平均的な排出水の量が50立法メートル以上の工場または事業所を対象として規制を適用している（排水基準を定める省令別表第2備考）。

① 人の健康に係る被害を生ずるおそれがある物質

　法第2条2項1号に基づく施行令第2条で次の物質が定められている。

1．カドミウムおよびその化合物，2．シアン化合物，3．有機燐化合物（ジエチルパラニトロフエニルチオホスフエイト（別名パラチオン），ジメチルパラニトロフエニルチオホスフエイト（別名メチルパラチオン），ジメチルエチルメルカプトエチルチオホスフエイト（別名メチルジメトン）およびエチルパラニトロフエニルチオノベンゼンホスホネイト（別名EPN）に限る。），4．鉛およびその化合物，5．六価クロム化合物，6．砒素およびその化合物，7．水銀およびアルキル水銀その他の水銀化合物，8．ポリ塩化ビフェニル，9．トリクロロエチレン，10．テトラクロロエチレン，11．ジクロロメタン，12．四塩化炭素，13．1・2-ジクロロエタン，14．1・1-ジクロロエチレン，15．シス-1・2-ジクロロエチレン，16．1・1・1-トリクロロエタン，17．1・1・2-トリクロロエタン，18．1・3-ジクロロプロペン，19．テトラメチルチウラムジスルフイド（別名チウラム），20．2-クロロ-4・6-ビス（エチルアミノ）-s-トリアジン（別名シマジン），21．S-4-クロロベンジル＝N・N-ジエチルチオカルバマート（別名チオベンカルブ），22．ベンゼン，23．セレンおよびその化合物，24．ほう素およびその化合物，25．ふつ素およびその化合物，26．アンモニア，アンモニウム化合物，亜硝酸化合物および硝酸化合物，27．塩化ビニルモノマー，28．1・4-ジオキサン

　これらは，人の健康に係る被害を生ずるおそれがある物質として，「排水基準を定める省令第1条」で，排水の許容限度（濃度基準）[別表第1]が定められている。これら物質の定性と定量値は，適宜見直されている。有機溶剤（トリクロロエチレン，テトラクロロエチレン，1・1・1-トリクロロエタン）は，1980年代に半導体工場で汚染が問題となったとき暫定基準（ガイドライン）が作成され，その後法規制対象物質となった。

　また，これら物質は，地下水に対しても規制されており，法第14条の3（地下水の水質の浄化に係る措置命令等）に基づく施行規則第9条の3別表第2に地下水に含まれる基準値が同様に定められている。

　②　生活環境に係る被害を生ずるおそれがある程度のもの

　法第2条2項2号に基づく施行令第3条で次の規制項目が定められている。

　1．水素イオン濃度，2．生物化学的酸素要求量（BOD）および化学的酸素要求量（COD），3．浮遊物質量，4．ノルマルヘキサン抽出物質含有量，5．フエノール類含有量，6．銅含有量，7．亜鉛含有量，8．溶解性鉄含有量，9．溶解性マンガン

含有量，10. クロム含有量，11. 大腸菌群数，12. 窒素またはりんの含有量（湖沼植物プランクトンまたは海洋植物プランクトンの著しい増殖をもたらすおそれがある場合として環境省令で定める場合におけるものに限る。）

BOD（biochemical oxygen demand）とは，生物化学的酸素要求量のことであり，河川の水質の汚染度合いを表す指標として好気性微生物が水中の有機物を酸化分解するのに要する酸素量を示す。また，COD（chemical oxygen demand）は，化学的酸素要求量のことで，水中の有機物を酸化剤で酸化するときに消費する酸素量を測定し定量する。海水や湖沼の富栄養化分析には化学的酸素要求量が測定される。

また，この生活環境に係る汚染状態についての排水許容限度は，「排水基準を定める省令第1条別表第二」に示されている。

（3） 土 壌

① 土壌汚染対策法

わが国では，1975年に東京都で起きた六価クロム事件で土壌汚染が注目され，その後全国各地で工場跡地などで汚染が確認されている。これら汚染された土壌の対処のために土壌汚染対策法（2002年5月公布）が，2003年2月に施行されている。この法律は，「土壌の特定有害物質による汚染の状況の把握に関する措置及びその汚染による人の健康に係る被害の防止に関する措置を定めること」を目的としている（第1条）。しかし，他の公害対策法と異なり再発防止に関しての規定はなく，今後科学的な知見が蓄積され追加検討されることが望まれる。

② 諸外国の動向

（i） 米国CERCLA（包括的環境対策・補償・責任法）　米国では，ニューヨーク州郊外で発生したラブカナル事件をきっかけに，土壌汚染を浄化するためのスーパーファンド法が制定された（図4-1-4参照）。

ラブカナル事件とは，米国ニューヨーク州ナイヤガラ・フォールズ市のラブカナル運河で，1940年から1952年までフッカー・ケミカル・アンド・プラスチッ

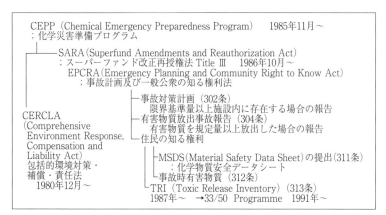

図4-1-4　米国スーパーファンド法の体系

ク社によって，4300トンの廃棄物が投棄されたことによって発生した土壌汚染
である。1977年に汚染地住宅街で有害物質の発生による被害者が確認され，
1978年と1980年にニューヨーク州の保健衛生局は，周辺住民の避難を命令して
いる。米国では，国家的緊急事態として大きな問題となった事件である。

　スーパーファンド法は，包括的環境対策・補償・責任法（Comprehensive
Environment Response, Compensation and Liability Act of 1980：以下，CERCLAとする）
およびスーパーファンド改正再授権法（Superfund Amendments and Reauthoriz-
ation Act of 1986：以下，SARAとする）を総称した名称である（なおSARAは，事
故時の有害物質の放出対策や一般公衆の知る権利などが規定されている［EPCRA]）。
CERCLAでは，土壌汚染対策についての規定が示されている。汚染地が発見
されると，汚染責任者に浄化義務を負わせ，汚染者が特定できない場合などは
米国環境保護庁（以下，U. S. EPAとする）が浄化を実施し，その後汚染者が判
明した際にその費用を汚染者に負担させることなどを定めている。U. S. EPA
では，米国国内で浄化が必要な地点を千数百カ所選定している。汚染選定地点
をNPL（National Priorities List）といい，順次浄化が実行されている。NPLは，
潜在的な汚染地が登録されているデータベースであるCERCLIS（Comprehensive
Environment Response, Compensation and Liability Information System）から，一定
の調査・評価（評価は，HRS［Hazard Ranking System］によって実施される）過程

を経て決定される。浄化の費用は，米国連邦政府の出資金および石油税などで設立した基金で運用されている。別途，各州においても独自に汚染地を抽出し，対処を進めている。

　また，スーパーファンド法では，無過失責任，連帯責任，および遡及効を認めており，厳しい規制を定めている。さらに，損害賠償責任の範囲も汚染者に融資を行った金融機関なども対象となっている。フリート・ファクターズ事件（United States v. Fleet Factors Corp., 901 F. 2d 1550 [11th Cir. 1990]）では，連邦控訴審で融資者の浄化責任を認めている。

　わが国では，神奈川県秦野市で1993年7月に制定された「秦野市地下水汚染の防止及び浄化に関する条例」（平成5年7月2日秦野市条例第17号）において，事業所内の物質に関した報告義務や汚染地の浄化など米国スーパーファンド法を参考にした規定が定められている。しかし，遡及効は，規定されていない。

　　(ii)　ドイツ　　ドイツでは，工場等跡地や廃棄物処分跡地など有害な土地をアルトラステン（Altlasten）といい，旧東ドイツも含め多くの汚染地がある。飲料水の約7割を地下水に頼るドイツでは，生活安全の面から重要な問題である。従来は，閉鎖された廃棄物処理施設の土壌汚染に対しては1972年施行の廃棄物法が適用され，また，地下水汚染については，1960年に施行された水管理法で規制可能であった。その後，1999年に連邦土壌保護法（Bundes-Boden-schutzgesetz）[1998年制定] が施行され，過失があったときのみに限られるが，汚染者の浄化責任が定められている。

（4）　悪臭防止法

　この法律は，工場その他の事業場における事業活動に伴って発生する悪臭について必要な規制を行うこととされている（第1条）。規制される地域は，都道府県知事が指定し，事業活動に伴って発生する悪臭原因物（特定悪臭物質を含む気体または水その他の悪臭の原因となる気体または水をいう。政令第1条：22物質）の排出（漏出を含む）がある地域とされている（第3条）。

　環境モニターは，事業場の境界線の地表または排出口における濃度測定により行われ，排水中に含まれる悪臭物質は，敷地外に排出される濃度が測定される。

　しかし，指定地域以外では法律による規制が及ばないため，畜産関係など悪臭を発する施設を持つ事業者と周辺住民や市町村などとの間で公害防止（環境）協定が結ばれていることが多い。協定違反については，違約金規定を定めたものもある。

　鶏舎悪臭事件（高知地判昭和56年12月23日・判時1056号233頁）では，「公害防止協定の規定は，被告（汚染者）が最善の努力をすることを前提としてその確実な履行を確保するためと解されるので，仮に悪臭が行政法規に定める基準値を超えず原告ら（被害者）の受認限度の範囲内にあったとしても汚染者の義務違反の違法性を阻害するのもではない。」と判示されており，地域性が強い悪臭汚染の対処として協定が有効であると考えられる。

4.1.2　有害廃棄物の越境移動 ---------------------------------

　1980年代後半に先進国からアフリカや南米諸国などへ有害廃棄物の輸出が増加した。1988年にはイタリアからPCBを含む有害廃棄物がナイジェリアに越境移動後不法投棄され世界的な問題になった。これら有害廃棄物の越境移動問題の解決のために国連環境計画（UNEP）が中心となって国際社会に働きかけ，1989年3月に「有害廃棄物の国境を越える移動及びその処分の規制に関するバーゼル条約」（Basel convention on the control of transboundary movements of hazardous wastes and their disposal：以下，バーゼル条約とする）が採択され，1992年5月に発効している。2012年12月現在で，日本をはじめ178カ国および1国際機関（EC）が加盟している。しかし，多くの廃棄物を輸出している米国は加盟していない。

　この条約は，有害廃棄物の国境を越える移動および処分の規制について国際的な枠組みを定め，これらの廃棄物によってもたらされる危険から人の健康および環境を保護することを目的としている。この条約では，特定する廃棄物の輸出における輸入国（原則として通過国も含む）の書面による同意義務，非締約国との廃棄物の輸出入の原則禁止，廃棄物の運搬および処分の許可などが定められている。

　規制の対象となる廃棄物は，「指定有害物質を含有する廃棄物」，「家庭から

の廃棄物等特別の考慮を有する廃棄物」など47項目に分類されている。日本では，本条約に対応するために，「特定有害廃棄物等の輸出入等の規制に関する法律」（通称：バーゼル法）を1992年に制定し，廃棄物の処理および清掃に関する法律を1993年に改正している。

　また，バーゼル条約第12条で，「締約国は，有害廃棄物及び他の廃棄物の国境を越える移動及び処分から生ずる損害に対する責任及び賠償の分野において適当な規則及び手続を定める議定書をできる限り速やかに採択するため，協力する」と定められており，1999年12月の第5回締約国会議において，「バーゼル損害賠償責任議定書」が採択されている。当該議定書では，有害廃棄物の越境移動およびその処分に伴って生じた損害についての賠償責任と補償の枠組みを定めている。特に「有害廃棄物の輸送手段への積載時（又は輸出国の領海を離れたとき）から当該廃棄物の処分完了時までに生じた，当該廃棄物の有害性から生じる人的損害，財産損害，逸失利益，回復措置費用，防止措置費用につき，当該廃棄物が処分者に渡るまでは条約上の通報者（基本的に輸出者）が，それ以後は処分者が，それぞれ厳格責任（無過失責任）を負う」ことが定められ，厳しい内容となっている。

　わが国の有害廃棄物に関する輸出入は，バーゼル条約の的確かつ円滑な実施を確保するために制定された前述の「特定有害廃棄物等の輸出入等の規制に関する法律」で管理されており，承認制度も定められている。再生資源の貨物の輸出入の観点からは，「関税法」の手続に加え，経済産業大臣の承認，環境大臣の確認を要することとなっている。また，輸出は，「特定有害廃棄物等の輸出入等の規制に関する法律」第4条に基づき，「外国為替及び外国貿易法（通称：外為法）」第48条3項によって輸出承認が行われている。

4.1.3 海洋汚染防止 --

（1） 公海上の汚染

　英国沖の公海上であるシリー諸島とランズエンドの間の浅瀬で，1967年3月にリベリア船籍の大型タンカー（トリーキャニオン号）が座礁し，大規模な油濁汚染を引き起こした。英国政府は，原油の流出をくい止めるために，海軍に

よって当該タンカーを爆撃し，炎上，沈没させた。この結果，流出した約8万トンの原油によって，イギリスのコーン・ウォール海岸およびフランスのブルターニュ海岸が汚染され，爆撃により発生した火炎ばい煙によって深刻な大気汚染を発生させた。公海上の船舶には，国際法上旗国（船舶の国籍国）に管轄権があるが，英国のとった行為は「自衛権の行使」および「緊急避難」としてみなされている。

　この事件がきっかけとなり，IMCO（政府間海事協議機関，1982年に国際海事機関［IMO］に改称）によって事故による油濁汚染対策の検討が進められ，1969年に「油汚染事故の際の公海上の措置に関する条約」（公法条約）および「油による汚染損害の民事責任に関する条約」（私法条約）が採択された。また，1971年には，「油による汚染損害の補償のための国際基金の設立に関する国際条約」が採択されている。

　しかし，海洋に関しての多国間における秩序は特定地域で複雑に作られており，国際的な条約の制定は非常に難しく，上記国際条約も部分的に問題が発生し，その後改正が行われている。

（2）　国連海洋法条約

　1982年国連海洋法条約は，海洋汚染対処についてすべての国に海洋環境を保護および保全する一般義務を課している（第192条）。詳細規定では，「船舶の旗国は自国の船舶から海洋汚染を防止するために，国際的な規則及び基準と同等の効果をもつ法令を制定する。沿岸国も排他的経済水域について外国船舶からの汚染を防止するために，国際的な規則及び基準に合致しそれを実施する法令を制定することができる。」（第211条2第5項）となっている。執行措置については，「旗国は，自国の汚染防止法令を自国船舶が遵守することを確保するための措置をとり，違反が証拠によって裏付けられる場合には遅延なく自国法に従って手続きを開始し，厳重な刑罰を科すものとする。」（第217条）と定められている。また，外国船舶からの汚染物質の排出については，「沿岸国は，外国船舶が自国の排他的経済水域において，汚染防止に関する国際的な規則及び基準に違反したと信ずる場合には，その船舶に対して船名識別などに関する情報

を要求することができ，またこの違反によって沿岸国の沿岸，関係利益または
資源に著しい損害をもたらす排出が生じた場合には，自国の法律に従って手続
きを開始することができる。」（第220条）と規定され，「領海外での外国船舶の
違反については，金銭上の刑罰だけを科すことができる。」（第230条）と定めら
れている。

　しかし，実際に油濁汚染された海洋や沿岸を原状回復させることは，現在の
技術レベルでは極めて困難であり，長時間を要して発生する被害を予見するこ
とはさらに難しいといえる。現状では，事故発生のリスクを低減するための管
理と汚染が発生した場合の事前対処を準備することが最も合理的である。

（3）　事前の対処

①　国際条約

　船舶の通常操業時に対する汚染防止策としては，「1973年船舶起因の海洋汚
染の防止に関する条約／MARPOL条約，1973年同議定書（油による海水汚濁の
防止のための条約と統合）」が定められている。この条約では，「船舶の積み荷と
なる各種有害物質と船員の生活に伴い発生する汚物の海洋への排出を定め，船
内の有害物質積載用タンクを洗浄した廃水の具体的な処理方法や排出可能水域
など」を規制している。海洋汚染物の対象としては，積み荷の「有害物質」と
船員の「生活排水」，および「船内の洗浄剤」が挙げられている。

　事故時の対処に関しては，軍艦を除く海上航行船舶（総トン数500トン以上：
タンカーの場合総トン数150トン以上）に適用された「油による海洋汚染の防止の
ための条約」（1954年）によって，「油・油性混合物の海洋への排出を禁止し，
その違反については船舶の旗国の国内法により処罰すべきこと」および「タン
カーに汚染防止のための特別設備（義務規定）として，油水分離装置，廃油を
タンクに集めて排出しないようにするロード・オン・トップ方式の採用，油記
録簿等を備えることなど」が規定されている。また，本条約では，沿岸国の対
処として，海岸の廃油処理施設等についても定められており，油処理剤のス
トック，関連施設の整備，連絡体制が規定されている。その他関連国際条約と
して，「1969年北海の油濁処理に関する協定」（ボン条約），「1971年海洋の油濁

処理における協力に関する協定」（コペンハーゲン協定）がある。

　今後，衛星によるモニタリングシステムの開発や電気通信を利用した連絡体制の強化など汚染対策技術の向上に基づいた規制内容の進展が望まれる。

　②　わが国の対処

　前述の「油による海洋汚染の防止のための条約」（1954年）に基づく国内法として，「海洋汚染及び海上災害の防止に関する法律」（1970年）が制定されている。当該法の施行令では，排出に関する具体的な基準や対象有害物質の指定等が規定されており，有害物質として油処理剤（分散剤）である界面活性剤等を定めている。また，施行規則では，第33条の3で「特定油防除資材」等を，省令では，「油又は有害液体物質による海岸の汚染防止のための薬剤」，「技術基準」（運輸省令第38号）を規定している。わが国の行政による対応としては，環境省が各種基準を定め国土交通省が取締りなど規制実施業務を担当している。

（4）　事後の対策

　①　国際条約

　事後対処を定めた公海条約として（1）で述べた「油汚染事故の際の公海上の措置に関する条約（1969年）」があり，「船舶の衝突，座礁その他事故を原因として油による海洋汚染の重大かつ急迫の危険が自国の海岸線または関係利益に生ずる場合には，締約国は，その防止・軽減・除去のために必要な措置を公海上でとることができること，油以外の有害物質による海洋汚染に対しても適用（1973年議定書）」が定められている。また，私法条約である「油による汚染損害の民事責任に関する条約（1969年）」があり，「油の輸送中の船舶から油の流出・排出事故に起因する汚染損害について，船舶所有者に無過失・有限の民事責任を課し，締約国に対してもその履行を確保するために必要な特別の国内措置をとること，2000トン以上の油を輸送するタンカーの所有者は，無過失責任を担保するため，責任保険契約を義務とすること（1975年6月）」が定められている。

　②　国際基金

　被害の補償に関しては，（1）で述べた「油による汚染損害の補償のための

国際基金の設立に関する国際条約」(1971年) が定められており，「油汚染損害
の民事責任に関する条約」に基づく制限のもとで，船舶所有者から十分な損害
賠償責任を受けられない油濁事故の被害者に対して一定の額までの補償を行う
とともに，船舶所有者に対してその負担を制限するための補塡を行うために国
際基金が設立 (1978年) されている。

　この国際油濁補償基金が補償する損害等の範囲は，一般基準として，「実際
に発生した費用 (適切な範囲)，損失，油の汚染と損害・費用との間に相当因果
関係があること，金銭的に計算できる損失，証拠により証明できるもの」と
なっており，防除等の措置は効果的なものに限る (費用と効果との関係が適切な
もの／防除・清掃の措置が必要かつ合理的であることを要求) となっている。

　油濁汚染事故の現状回復に関しては，ボランティアの活躍が注目されている
が，清掃等の費用の金額評価の低下につながる。被害者のために無償で行われ
た行為が，結果的には加害者を支援していることになるのでは，社会的な矛盾
となってしまう。何らかの対処が必要であろう。またシャベルなどを使い物理
的な油除去は効果的であるが，ボランティアの履き物等に付着した油によって
汚染が拡散した事実もあり，合理的な措置が図られたかどうかの証明は困難で
ある。技術的効果が確認できる清掃のマニュアル等の普及が必要であろう。

　③　わが国の対処

　(i)　被害者救済　「1992年の油による汚染損害についての民事責任に関
する国際条約」，「1992年の油による汚染損害の補償のための国際基金の設立に
関する条約」に基づき，わが国では「油濁損害賠償保障法」(1975年) によって
被害者救済が行われている。

　(ii)　漁業被害　漁業被害は，被害態様も加害態様も多様であり，漁業被
害一般を対象とするような補償制度の検討は極めて困難である。漁業被害救済
の方法として，現在，助成金，見舞金の給付，被害漁業者の借入金の利子補償
等がなされている。条例には，漁業被害の賠償制度を基礎に置いた救済制度が
作られているものもある。

　加害者が特定できる場合は，前述の油濁損害賠償保障法による被害者救済が
可能である。しかし，加害者が不明な場合は，漁業油濁被害救済基金によって

被害漁業者に対して救済金の支給，および汚染漁場の清掃について助成がなされる。しかし，救済方法が不明確で，漁業幹部の不正による刑事事件が問題となったケースもあり，基金では「漁業被害認定基準」を発表している。

（5）　課　題

　油濁事故の緊急的対処は，様々に検討されており，汚染改善技術も向上している。しかし，汚染の後に漸次発現してくる慢性的な影響については，まだ多くの検討が必要である。環境保全には，長期的な変化を考え自然の循環を維持することが重要であり，持続可能な開発には不可欠な要素である。

　例えば，油汚染の処理剤として利用されている分散剤（界面活性剤）は，油を消滅させているのではなく，散らしているだけで汚染が消えたわけではない。もっとも油が分散されることにより，汚染海洋地域の（魚の餌となっているバクテリアなど）土着の菌に油が摂取（消化）されやすくなり，最終的には分解されると考えることも可能である。ただし，流出油の有害物質についてのリスクは，拡散することとなろう。

　また，新しい汚染浄化技術として注目されているバイオレメディエーション技術には，汚染海域へ新規の菌や栄養剤を散布する方法もあり，これらの自然への影響評価も重要である。

　油流出事故についての事前および事後の対処技術が数多く開発されつつあることは社会的に有意義なことであるが，環境リスク全体を考えたガイドラインや法令によるコントロールが必要である。

　他方，新たな課題として海洋プラスチック汚染が国際的な問題となっており，海生生物への影響の対策や海岸漂着物の対処が必要となっている。わが国では2009年に海岸漂着物等の円滑な処理及び発

図4-1-5　海岸漂着ゴミ

海洋・海中には莫大な海洋ゴミが存在し，海岸にも多くの漂着ゴミが流れ着いている。海生生物の生息も脅かされ，新たな地球環境問題である。

生の抑制を図ることを目的とした「美しく豊かな自然を保護するための海岸における良好な景観及び環境並びに海洋環境の保全に係る海岸漂着物等の処理等の推進に関する法律（漂着物処理推進法）」が制定されている。しかし，人類のプラスチックの利用は多岐にわたり発生源対策は極めて困難である。漂流ゴミや海底ゴミの処理・処分責任主体（責任国）は不明確であり，さらに波や紫外線などで分解し生成したマイクロプラスチックは技術的に回収等処理が極めて難しい。

4.1.4　オゾン層の破壊 ---

（1）　オゾン層の機能と状態

オゾン層は，太陽光に含まれる有害な紫外線（特にUV-B）の大部分を吸収し，地上の生物を保護する機能を持っている。

　地球が誕生した約46億年前は，地上には酸素が存在せず，生物はまったく生存できる状態ではなかった。その後約35億年前に藻類や細菌がコロニーを生成し始め，酸素が作られるようになった（ストロマトライトなど）。この酸素が次第に増加し，地上から10〜50kmの成層圏にまで上昇し，オゾン層を形成するようになり，それから30億年以上経過した4億5千万年前から3億5千万年前に植物が生い茂ることとなった。この膨大な時間をかけて生成したオゾン層に，人間活動から放出されたCFCs（Chlorofluorocarbons：[フロンは商品名であるが] 以下，フロン類とする）によって，数十年で地球の両極に穴をあけることとなった。フロン類は成層圏で強い紫外線をあびて分解し塩素原子となり，酸素原子と結びつき，オゾンを連鎖反応的に分解する（塩素1原子でオゾン分子1万個以上を破壊する）。紫外線の増加は，人に皮膚がんを発生させ，白内障を増加させる。また，農作物の成長を阻害し，生態系微生物へ被害を与え，光化学オキシダントの悪化などを引き起こすとされている。

（2）　フロン類の国際的規制の動向

　米カリフォルニア大学のローランド教授らがオゾン層が破壊されていることを発表した1974年から10年以上も経過した1985年に「オゾン層の保護のための

ウィーン条約」（以下，ウィーン条約とする）が採択されている。条約発効は，
1988年9月で，わが国は同年4月に国会承認，加入書寄託を行っている。規制
のスケジュールなど詳細を定めた「オゾン層を破壊する物質に関するモントリ
オール議定書」（以下，モントリオール議定書とする）は，1987年9月に開催され
た第1回締約国会議で採択され，1989年1月に発効している。その後規制時期
の前倒し，規制物質の追加が実施されている（表4-1-1参照）。

　消減・全廃規制の対象となっているハロンは，消火剤として極めて高い機能
を持っており，同等レベルのものが開発されていないため，病院手術室や航空

表4-1-1　フロン類（CFCs）規制スケジュール

物　質　名	先進国に対する規制スケジュール		途上国に対する規制スケジュール	
附属書A　グループ I （特定フロン）	1989年以降 1994年 1996年	1986年比　　100%以下 　　　　　　25%以下 全　　廃	1999年以降 2005年 2007年 2010年	基準量比　100%以下 　　　　　50%以下 　　　　　15%以下 全　　廃
附属書A　グループ II （ハロン）	1992年以降 1994年	1986年比　　100%以下 全　　廃	2002年以降 2005年 2010年	基準量比　100%以下 　　　　　50%以下 全　　廃
附属書B　グループ I （その他のCFCs）	1993年以降 1994年 1996年	1989年比　　80%以下 　　　　　　25%以下 全　　廃	2003年以降 2007年 2010年	基準量比　80%以下 　　　　　15%以下 全　　廃
附属書B　グループ II （四塩化炭素）	1995年以降 1996年	1989年比　　15%以下 全　　廃	2005年以降 2010年	基準量比　15%以下 全　　廃
附属書B　グループ III （1,1,1-トリクロロエタン）	1993年以降 1994年 1996年	1989年比　　100%以下 　　　　　　50%以下 全　　廃	2003年以降 2005年 2010年 2015年	基準量比　100%以下 　　　　　70%以下 　　　　　30%以下 全　　廃
附属書C　グループ I （HCFC類）	1996年以降 2004年 2010年 2015年 2020年	基準量（キャップ2.8%）比 　　　　100%以下 　　　　65%以下 　　　　35%以下 　　　　10%以下 全　　廃 （既存機器への補充用を除く）	2016年以降 2040年	2015年比　100%以下 全　　廃
附属書C　グループ II （HBFC）	1996年以降	全　　廃	1996年以降	全　　廃
附属書E　グループ I （臭化メチル）	1995年以降 1999年 2001年 2003年 2005年	1991年比　　100%以下 　　　　　　75%以下 　　　　　　50%以下 　　　　　　30%以下 全　　廃 （クリティカルユースを除く）	2002年以降 2005年 2015年	基準量比　100%以下 　　　　　80%以下 全　　廃 （クリティカルユースを除く）

モントリオール議定書に基づく規制（1997年9月合意）

機などがエッセンシャルユースとして使用が認められている。

モントリオール議定書に従って，国際的なフロン類規制が進められ，比較的順調に実施されたといえる。しかし，規制のスピードが速かったことから，中小企業を中心として代替対応できなかったところが大きな負担を強いられ，部品洗浄業者（CFC-113等を使用）の中には倒産に追い込まれたところもあった。この苦い経験が，地球温暖化防止における二酸化炭素放出削減の議論で考慮されている。

また，環境効率低下防止の面から現在使用しているカーエアコンなどは，特定フロン（CFC-12）が冷媒として使用されている場合があるが，規制以前の計画では，修理などでの必要な量は廃車から回収された冷媒でまかなえる予定だった。しかし，現実には不足し高値となり，開発途上国などからの密輸（旅客航空機等利用）が問題となっている。開発途上国は，代替品の普及が難しいことなどから特定フロンなどフロン類の生産・使用全廃期限を先進国より遅れさせている（図4-1-6参照）。

発泡剤（ウレタンなどプラスチックスの発泡剤など）や断熱剤の代替に関しては，技術開発が急ピッチで進められ，フロン類を使用したものの全廃は完了している。発泡緩衝材などは，そもそも過剰包装などの問題があり，廃棄物減量およびプラスチックスのリサイクルが現在進められている。

フロン類が全廃できても代替となるHFCsやHCFCs（過渡的物質）などの物質が環境に他の汚染を及ぼした場合，別途問題が発生することもあり，フロン類のメーカーでは国際的組織を形成し自主的に影響評価試験を行っている。安全性評価試験は，PAFT（Program for Alternative Fluorocarbon Toxicity)，環境影響評価は，AFEAS

図4-1-6　カーエアコンからのフロンの回収
自動車手前にあるのが，CFC-12用のフロン回収装置である。

（Alternative Fluorocarbon Environmental Acceptability Study）と呼ばれる。参加企業は，米国からデュポン，アライド，欧州からアトケム，アクゾ，ローヌプーラン，ICIなど，日本からダイキン，旭硝子，昭和電工，セントラル硝子などである。しかし，冷蔵庫や家庭用エアコン，カーエアコンの代替冷媒として期待されていたHFCsは，二酸化炭素の140〜11700倍の地球温暖化効果を持つ物質であることが判明し，再度，代替冷媒等の開発が必要となっている。冷蔵庫はすでにアルコール類（ブタノールやイソプロピルアルコールなど）への転換が始まっている。冷媒としてのアルコール類は，発火性があるため従来より使用が控えられていたものだが，ドイツなどにおいては1990年代前半より積極的に研究開発が進められてきたものである。

　なお，HFCsに関してはオゾン層破壊物質ではないが，2016年にルワンダ・キガリで開催されたモントリオール議定書第28回締約国会合で生産・使用を廃止することが採択され，2019年1月1日に発効している。規制内容は，先進国は，2011〜2013年を基準年として2019年から削減を開始し，2036年までに85％分を段階的に削減する。途上国は，第1グループ（中国・東南アジア・中南米・アフリカ諸国・島嶼国等，第2グループ以外の途上国）は2020〜2022年を基準年として2024年に凍結し，2045年までに80％分を段階的に削減する。途上国第2グループ（インド・パキスタン・イラン・イラク・湾岸諸国）は，2024〜2026年を基準年として2028年に凍結し，2047年までに85％分を段階的に削減することとなっている。HFCsが使用されている自動車のエアコン用の冷媒などは新たな物質へ代替されていくと考えられる。

（3）　わが国の規制

　わが国では，ウィーン条約およびモントリオール議定書の規制実施を確保するために「特定物質の規制等によるオゾン層の保護に関する法律」が，1988年5月に公布・施行された。この法律に従いわが国の基本的なフロン類の生産使用制限が実施されている（表4-1-2，3参照）。

　また，エアコン，冷蔵庫など家庭電化製品やカーエアコンからのフロン類の回収も非常に重要な問題となっており，リサイクル法での対応が必要となって

表4-1-2 オゾン層破壊物質のオゾン破壊係数と地球温暖化係数

名　称	オゾン破壊係数	地球温暖化係数	主　な　用　途
CFC (クロロフルオロカーボン)	0.6〜1.0 (CFC-11　1.0) (CFC-12　1.0) (CFC-113　0.9)	4000〜9300 (CFC-11　4000) (CFC-12　8500) (CFC-113 5000)	電気冷蔵庫 (CFC-12) カーエアコン (CFC-12) 業務用冷凍機 (CFC-11) ポリウレタン発泡剤 (CFC-11) 部品の洗浄剤 (CFC-113)
ハロン	3.0〜10.0 (ハロン-1301 10.0)	5600	消火剤
四塩化炭素	1.1	1400	一般溶剤，研究開発用
1·1·1-トリクロロエタン	0.1	110	部品の洗浄剤
HCFC (ハイドロクロロフルオロカーボン)	0.01〜0.552 (HCFC-22　0.055) (HCFC-142b 0.066)	93〜2000 (HCFC-22　1700) (HCFC-142b 2000)	ルームエアコン (HCFC-22) 業務用冷凍機 (HCFC-22) 発泡剤 (HCFC-22, 142b)
臭化メチル	0.5	—	土壌の殺菌・殺虫剤
(参考) HFC (ハイドロフルオロカーボン) 代替フロンの一種で，オゾン層破壊効果はない。	0	140〜11700 (HFC-134a 1300)	電気冷蔵庫 (HFC-134a) カーエアコン (HFC-134a) 業務用冷凍機 (HFC-134a) 発泡剤 (HFC-134a)

※ ・オゾン層破壊係数は，CFC-11の単位重量あたりのオゾン破壊効果を1とした場合の相対値。
・地球温暖化係数は，二酸化炭素の単位重量あたりの地球温暖化効果を1とした場合の相対値で，この表では積分期間100年の値を示した。
出典：環境庁「オゾン層を守ろう」(1998年) 6頁。

表4-1-3 特定フロンおよび過度的物質 (HCFCs) の地球温暖化係数

分　類	フロン類の名称	地球温暖化係数
特定フロン	CFC-11	4,000
	CFC-12	8,500
	CFC-113	5,000
	CFC-114	9,300
	CFC-115	9,300
HCFC類	HCFC-22	1,700
	HCFC-223	93
	HCFC-224	480

(注) 地球温暖化係数は二酸化炭素を1とした場合の比較値。

いる。

　特定家庭用機器再商品化法（家電リサイクル法）では，製造者による製品の引取りおよびリサイクル責任を定め，ユーザー責任として，回収・処理に伴う費用の負担を規定している。

　使用済自動車の再資源化等に関する法律（自動車リサイクル法）でも，自動車メーカーがディーラー等を通して，フロン類を回収し，処理することが義務づけられている。

　2001年6月には「特定製品に係るフロン類の回収及び破壊の実施の確保等に関する法律」（通称：フロン破壊法）が制定され，業務用冷凍空調機器（第一種特定製品）は，2002年4月から回収・破壊が義務づけられ，カーエアコン（第二種特定製品）については，2002年10月から実施されている。規制対象となるフロン類は，CFC，HCFC，HFCと定められている。2007年10月に改正され罰則等が強化された。

　その後，代替フロンとして開発・普及したHFCsの排出量が急増したことに対処するために，上記「フロン破壊法」を改正し，フロン類およびフロン類使用製品のメーカー，ならびに業務用冷凍空調機器のユーザー等総合的な当事者を対象に新たに「フロン類の使用の合理化及び管理の適正化に関する法律」が2013年6月に制定されている。HFCsは，前述の通りオゾン層は破壊しないが地球温暖化係数が極めて高い（表4-1-2参照）ため，規制強化の必要性が高まったといえる。規制内容は，「規制製品」についてフロン類の製造，使用，廃棄，回収・再生利用，破壊に関するライフサイクルの各段階に広がっている。また，フロン類の充填業の登録制および再生業の許可制の導入等の措置も講ぜられている。

　フロン類の分解技術はプラズマを使用したものや燃焼，超臨界水利用のものなどが開発され，現在は全国各地に処理施設がある。家電リサイクル工場には，プラズマ法等の施設が併設している場合がある。

4.1.5 事故による汚染対策 -------------------------------------

（1）　有害物質の環境放出

①　化学工場の事故——インドボパール農薬工場有害物質漏出事件——

　インドボパールで発生した農薬工場事故における有害ガスの放出汚染を例に
とり，その原因等を検討し，米国にまで拡大した法的問題について論ずる。

　(i)　事件の概要　　1984年12月2日夜半〜3日未明にかけて，インド・
マデュヤ・プラデェシェ州の州都ボパールで，ユニオンカーバイトインディア
社（親会社：米国のユニオンカーバイト社）の農薬製造プラントからメチルイソシ
アネート（CH_3NCO [Methyl-Iso-Cyanate：MIC]：以下，MICとする）が漏洩し，
付近のスラム地区から市民の人口密集地に漂流し，約3400人が死亡し，20万人
以上が身体障害を受けた事故である。近年の調査では，1.6〜3万人が死亡
し，50万人以上が被災したとの報告もある（ボパール市は，人口ほぼ60万人）。な
お，漏出した農薬の商品名はセヴィン（成分：メチルイソシアネート）といわれ
る（図4-1-7参照）。

　　MICは，常温で気体で，水と反応すると次のような化学反応（発熱）がある。
　　$CH_3NCO + H_2O（過剰） \rightarrow CH_3NHCONHCH_3 + CO_2 + 325Kcal／kg MIC$
　　$CH_3NCO（過剰） + H_2O \rightarrow CH_3NHCONCH_3CONHCH_3 + CO_2 + 325Kcal／kg MIC$
　　メチルイソシアネートの生体影響は，微量の被曝で，眼，皮膚，呼吸器官を刺激
し，嘔吐，激しい咳き込み，窒息，一時失明をまねく。被曝量が大きいと，眼の角膜
の細胞が破壊されて失明に至る。また，気管支表面が膨れあがり，肺細胞からの浸出
で窒息死する。

　(ii)　事故発生原因　　MIC製造配管の清掃（水による洗浄）作業中に，水
が逆流し，MICタンク内に進入した。水とMICが激しい発熱反応を起こし，そ
の熱によって気化したMICが環境中へ放出された。そもそもMICは，水と激し
く反応することから，MIC配管の水洗浄は絶対にやってはならないことであ
る。すなわち，作業員の安全確認ミス（不作為）によって異常反応が発生した
といえる。

図4-1-7　インドの市街地（ジャイプール）

インドでは牛が聖なる生き物ということで町のあちこちに悠然と歩いている。ボパールの有毒ガス漏出事故の際には，町中に多くの人と牛の死体が散乱した。

　ユニオンカーバイトインディア社の事故当時の経営は，ひどい赤字状態で，工場設備の売却も決めており，経費削減のため安全装置等が十分に機能していなかった。また，人員削減で熟練従業員が退職し，経費節減は推進されたが，重要なポストに未熟な労働者が配置されていた。その結果，労働の質の低下（専門家の不足）となり深刻な事故を発生させたと考えられる。

　(iii)　事故拡大の原因　　有害ガス漏えい時に，ユニオンカーバイトインディア社が，漏洩した毒ガスの正確な化学組成や対処方法を医学救援者に明らかにしなかったため，被害者に対して十分な治療ができなかった。情報不足（秘密主義）が事故を拡大させた。

　(iv)　法的な対処

【国際製造物責任―米国】　　事故直後から米国弁護士が，被害者から製造物責任訴訟の委任状を取り付けるため現地に殺到し，国際的に批判を受けた。その結果，米国各地の裁判所に145件の訴訟の提起がなされ，損害賠償請求額は総額1000億ドルにのぼった。

　米国国内で，最適裁判地の選択と訴えの併合手続が開始され，1985年2月6日にユニオンカーバイト社がニューヨーク州の法人であることを理由にニューヨーク南部地区連邦地方裁判所が最適裁判所とされ，全訴訟手続が併合された。

【国際製造物責任―インド】　　インドの法律では，本事件の責任をユニオンカーバイト社に負わせることを肯定できなかったため，1985年に3月25日に「ボパール・ガス漏洩事故紛争処理法」を制定した。本法では，インド中央政府が，裁判上あるいは裁判外を問わず，インド国内および国外の被害者補償について

あらゆる紛争に関して，すべての人を代表する排他的権限を有するものとされた。

インドでは，「ボパール・ガス漏洩事故紛争処理法」に基づき，ユニオンカーバイト社と和解交渉を行ったが成立しなかったため，1985年4月8日にニューヨーク南部地区連邦裁判所に損害賠償訴訟を提起した。

1986年3月にユニオンカーバイト社は，インド政府以外の原告と3億5000万ドルで和解することを一旦は締結したが，インド政府がこれを拒絶した。

【国際管轄権】　ニューヨーク南部地区連邦裁判所は，本件審理についてインドの裁判所の方が米国の裁判所より適切であるとして，訴えを却下した。インド政府は，ボパール裁判所にユニオンカーバイト社を提訴し，最終的には，1989年2月14日インド最高裁判所で，4億7000万ドルの和解が成立した。インド政府が会社と社長に対して今後の訴追をすべて断念することを約束するという条件つきの和解となった。

【事故後のユニオンカーバイトの対処と影響】　ユニオンカーバイト社は1984年には，世界で第3位の規模の化学メーカーだった（38カ国に約700の事業所を持ち従業員数11万7000人）が，ボパール事故が致命傷となり，ユニオンカーバイト社全体の売却を余儀なくされた。現在は，ローヌ・プーラン社により農業部門が買収され，ダウケミカルグループが，1999年8月に93億ドルで資産全体を引き取った。なお，ダウケミカルは，ボパールの事故の責任はとらない意志を明示している。

また，1991年ボパール裁判所は，ユニオンカーバイト社長ウォーレン・アンダーソンに「刑事事件の殺人罪」として出頭を命じ，インターポール（国際刑事警察機構）を通じて国際逮捕状を発したが，出頭召喚状は無視されている。

(v) EPCRAの成立とわが国　ボパール工場内の有害物質について周辺住民等に事前に何の情報もなかったことは，事故対処の欠陥として明確になった。米国では，この影響を受け1986年のスーパーファンド法改正（スーパーファンド改正再授権法：Superfund Amendments and Reauthorization Act [SARA]）の際に事故計画および一般公衆の知る権利法（Emergency Planning and Community Right to Know Act：以下，EPCRAとする）が成立した。この事故時の事前対処の

図4-1-8　米国NRC（National Response Center）：フロリダ州タラハッシー

スーパーファンド法では，有害物質（約700物質）の偶発事故時の通告許可限度量を設定しており，許可量を超えて放出をした場合，NRCへの通知が義務づけられている。フロリダ州では，ハリケーンでの災害が多いことから，スーパーファンド法での対応と合わせて対処されている。

ために，「事故時対策計画（第302条）」，「有害物質放出報告（第304条）：有害物質を規定量以上放出した際の報告（対象物質を約420物質を規定）」，「住民の知る権利」が定められている（図4-1-8参照）（スーパーファンド法体系については，**4.1.3**（3）参照）。

　事故時の潜在的リスクは，事前に公表しておくことで迅速な対応が望める。突然，住民や関係機関に危険を知らせても，混乱を高める結果となる。わが国でも行政，産業界，一般公衆のリスクコミュニケーションの必要性については世論がかなり高まっているが，具体的な対応は極めて遅れている。もっとも，事故で塩素ガスが環境中に放出された場合などは，公害犯罪の対象となり，事後の原因者についての刑事責任の追及制度は整っている。作業員の誤操作により塩素ガスを発生させ付近住民119名に被害を及ぼした大東鉄線工場塩素ガス噴出事件（最判昭和62年9月22日・刑集41巻6号255頁）では，作業員は「人の健康に係る公害犯罪の処罰に関する法律」第3条2項の過失公害致傷罪は免れたが刑法第211条1項の業務上過失致傷にあたるとされている。また，タンクローリーから塩素ガスが漏出した日本アエロジル塩素ガス流出事件（最判昭和63年1月27日・刑集42巻8号1109頁）も同様に業務上過失致傷罪が成立している。この事件では，塩素ガスを漏出させた作業員に対する安全教育義務・適切な指示義務違反が肯定されており，ボパールの事故と同様な事故原因が存在している。

　また，1989年3月24日に米国エクソン社のエクソンバルディーズ号がアラスカのプリンス・ウィリアム湾で座礁した事件では，原油約4万キロリットルが流出し，沿岸の生態系に大きな被害が発生した。この油濁事故により2400kmに

わたる海岸線が汚染され，米国沿岸での最大規模となる海洋汚染を引き起こした。EPCRAが施行され，事故による汚染が注目されている時期だったため，米国国民に大きな衝撃を与えた。この事故では，CVM（Contingent Valuation Method：仮想評価法）という手法で環境損害を評価しており，スーパーファンド法でのその後の対処の際に参考とされ始めた。この手法は，環境の価値を，一般市民へのアンケート調査に基づいて金額で評価するものでわが国でも注目されている。ただし，アンケート調査自体の信頼性や統計的信頼性など，今後検討すべき点も多い。

②　イタリアのセベソ農薬工場事故

1976年7月にイタリアのミラノ近くのセベソで発生した農薬工場（ホフマン・ラ・ロッシュ）の爆発事故により，周辺にダイオキシン類（2,3,7,8,-TCDD）が放出された事件が発生している。翌年，集団的流産被害が発生し，大きな社会的な問題となった。

このダイオキシン類で汚染された廃棄物が1984年にフランスに運ばれ，所在不明となった。その後発見された当該廃棄物は，事故を発生させた会社の親会社があるスイスのバーゼルで処理された。1988年には，イタリアからPCBを含む有害廃棄物がナイジェリアに越境移動され不法投棄されている。

化学工場事故による有害物質汚染は，膨大な量の汚染物を発生させることから，事前対処が最も重要といえる。

③　大防法での事故対処

わが国の事故対処は，大気汚染防止法第17条1項に「特定物質に関する事故時の措置」が設けられており，事故対処が定められている。しかし，健康被害のおそれがある特定物質に定められているものは，次の28物質と非常に少なく，その潜在的リスクについて，工場等の周辺住民には事前に伝えられていない。わが国のPRTR法である「特定化学物質の環境への排出量の把握等及び管理の改善の促進に関する法律」で定常時の有害物質の放出はほぼ公表されているが，事故時の汚染に対する環境保全の面からは事前の情報整備はされていない。事故の際に重要な情報である貯蔵量等は消防法による貯蔵の取締り（第10条）や労働安全衛生法関連法による届出などでは情報収集がなされているた

め，消防や労基局などと環境保全に関わる行政部門との情報交換や連携が望まれる。

【大防法第17条1項に基づく大防法施行令第10条で定める特定物質】
1．アンモニア，2．フッ化水素，3．シアン化水素，4．一酸化炭素，5．ホルムアルデヒド，6．メタノール，7．硫化水素，8．リン化水素，9．塩化水素，10．二酸化窒素，11．アクロレイン，12．二酸化イオウ，13．塩素，14．二硫化炭素，15．ベンゼン，16．ピリジン，17．フェノール，18．硫酸，19．フッ化ケイ素，20．ホスゲン，21．二酸化セレン，22．クロルスルホン酸，23．黄リン，24．三塩化リン，25．臭素，26．ニッケルカルボニル，27．五塩化リン，28．メルカプタン

（2）　原子力の利用

①　原子力発電所の事故と対処

　原子力発電は，高度な科学技術を利用しており，リスク管理は専門家の対応に任せていたものである。しかし，従来より自主点検作業における事実隠しなど極めてプリミティブな不信行為が明らかになっており，電気事業者内のリスク管理のあり方に問題があることが公知となっている。商業用の原子力発電所の事故は，国際原子力事象評価尺度（INES）によって0～7レベルの8段階に評価されている[*1]。しかし，情報が隠蔽されてしまうと当該評価もまったく意味をなさない。原子力発電は，エネルギー密度が極めて高いことから電力供給には非常に有効であるが，安全が担保されなければ取り返しのつかない事件が発生してしまう。事故の補償に関して

図4-1-9　原子力発電所（原子炉施設）
発電所内には，警察が常駐しており，海にはテロに備えて海上保安庁の船が監視している。夜も明るい都会の膨大なエネルギー消費を支えている重要なインフラといえる。

原子力事業者には，「原子力損害賠償法」(1961年) により無過失責任で，一事業所あたり1200億円（第7条1項 [2019年9月現在]）を限度とする損害賠償措置を講ずる（具体的には責任保険契約の締結）ことが義務づけられている（第3条，第6条，第7条）。ただし，損害額がこれを越えた場合には，政府が損害を賠償するために必要な援助を行うとしている（第16条）。

　海外で過去に起きた大きな原子力発電所における事故には，スリーマイル島原発の事故やチェルノブイリ原発事故がある。その概要は以下の通りである。

原子力発電所の事故スリーマイル島原発事故（Three Mile Island nuclear power plant accident：TMI事故）　1979年3月28日
　米国・ペンシルバニア州ゴールズボローにあるスリーマイル島原子力発電所2号炉でほぼ全出力で運転中に事故が発生した。蒸気発生器二次系に水を供給している主給水ポンプの系統が故障したことが原因（緊急炉心冷却装置が作動したのに，運転員が一時止めてしまうなどの不手際が重なった）である。乳牛の汚染などはほぼゼロであった。

チェルノブイリ原子力発電所爆発事故　1986年4月26日
　ウクライナの首都近郊のチェルノブイリ原子力発電所で発生した爆発事故では，広島型原爆の500倍の放射性汚染を引き起こした。核反応の暴走による制御不能が事故原因である。ウクライナ，ベラルーシ，ロシアで500万人以上が被爆，100万人以上が移住し，食品への放射性物質の混入や放射性物質の飛散など，環境バランスを大きく変化させた事件である（推定死亡者は数千人）。

　わが国でも冷却系統等の事故として，1989年1月福島県第2原発事故（東京電力・福島第2原子力発電所3号機），1991年2月福井県美浜2号機事故（関西電力・美浜原子力発電所2号機），1995年12月もんじゅ（発電用高速増殖炉）二次系冷却材のナトリウム漏れなどがある。

②　福島第一原子力発電所事故
　2011年3月11日に発生した東日本大震災によって地震，および津波（推定14〜15m）が原因で福島第一原子力発電所で事故が起きている。いわゆる原子炉外の自然現象による事象（外部事象）が原因であり，想定していなかった事故

であることから，電力事業者，監督官庁の経済産業省，内閣府に設置されていた原子力安全委員会の間で混乱が生じた。原子力発電所内の運転管理においては，人為的なミスによる事故（内部事象）対処に関しては，極めて多くの解析がなされていたが当該事故には対処できなかった。

　事故当時，当該発電所内にある6つの原子炉のうち，1〜3号機が稼働しており，残りの4号機は分解点検中，5号機，6号機は定期検査中で停止していた。3号機は，MOX燃料を使用したプルサーマル発電を行っていた。地震の発生で原子炉の核反応は自動的に緊急停止したが，発電所へ電気を送っていた電線および変電設備等機器が故障，送電用鉄塔の倒壊などで外部電源を失い，津波によって二次電源設備（ディーゼル発電機：安全ガイドラインを遵守せず地下に設置）も失ったことで原子炉の冷却が困難になった。原子炉内に設置してあった非常用の蓄電池で約8時間の冷却用電源を確保し，唯一二次電源設備が作動できた6号機から輪番で破損した原子炉へ冷却用電気を送電し最悪の事態は回避できた。

　しかし，原子炉の冷却が十分に行えなかったため，1〜3号機の原子炉は，核燃料収納被覆管の溶融によって核燃料が原子炉圧力容器の底の部分に落ちる事態（炉心溶融：メルトダウン）となり，さらに溶融燃料の一部が原子炉格納容器に漏れ出している（メルトスルー）。そして，メルトダウンの影響で水素が発生し，建屋内に漏れ出した水素が建屋内部に充満して水素爆発が起こり，建屋内に存在していた放射性物質が大気中に放出され，広範囲にわたる汚染が発生した。

　福島第一原子力発電所で事故を起こした沸騰水型原子炉（北海道電力，東北電力，東京電力，中部電力，北陸電力，中国電力，げんでん：Boiling Water Reactor：以下，BWRとする）は，タービン，復水器（蒸気の冷却：莫大な数の海水を通した管で熱を吸収）とすべて発電工程で同じ蒸気（沸騰水）を循環させるため，原子炉から放出される可能性のある放射性物質（励起した物質）は，この放射性管理区域（放射性物質が存在する区域）の複数の箇所から放出されたと考えらる。BWRは，原子炉で沸騰した軽水（水）をそのまま循環させることで，設備は比較的シンプルとなり部品点数も少なくできる。通常運転時のメンテナンスも，

加圧水型原子炉（原子炉内とタービンを稼働させる軽水［冷却材］は，別系統［蒸気発生器（熱交換器）の設置で原子炉建屋が大きくなる］：関西電力，九州電力，四国電力，げんでん：Pressurized Water Reactor：以下，PWRとする）に比べ容易になり，装置自体も小さくできるメリットがあった。

　また，原子力発電所に適用されている定期点検の技術基準は，多くを米国機会学会（ASME：American Society of Mechanical Engineers）で定めた規定を参考にしている。リスク管理では，フェールセーフ（fail safe：装置，システムに故障または，誤操作，誤動作による障害が発生した場合，事故にならないように確実に安全側に機能するような設計思想），フールプルーフ（fool proof：作業員などが誤って不適切な操作を行っても正常な動作が妨害されないこと），インターロック（interlock：誤動作防止，条件がそろわないと操作が行われないようにすること）を導入している。しかし，これら管理は外部事象に関して効果がなかったといえる。福島原発事故後，全国の原子力発電所で行われたストレステストは，リスク対処に関して余裕ある設計の幅を調べるもので，外部事象に対する一種のフールプルーフである。ただし，わが国の商業炉は，BWRとPWRの2種類の原子炉についてそれぞれの対策が必要である。

　③　原子力リスクに関する体系と問題点

　原子力の利用開発等に関した法律は次のようになっている。

- 研究開発・利用・将来のエネルギー源確保　⇨　原子力基本法
- 原子力関連の許認可　⇨　核原料物質，核燃料物質及び原子炉の規制に関する法律（以下，原子炉等規制法とする［なお，別途，核燃料等規制法とも略される］）[*2]
- 災害対処　⇨　原子力災害特別措置法，原子力損害賠償法
- その他　⇨　原子力発電地域振興特別措置法，特定放射線の最終処分に関する法律

2012年6月に「原子力規制委員会設置法」が制定されるまでは，原子力に関する許認可権限の大半が経済産業省原子力安全・保安院（商業炉の管理）にあり，大学・試験研究に関する原子炉に関しては文部科学省となっていた。さらに安全（リスク管理）に関しては，独立の機関として内閣府の原子力安全委員会が

設置されていた。この当時政府は，原子力安全・保安院と原子力安全委員会によるダブルチェックで安全性の強化を謳っていたが，福島第一原子力発電所事故でその機能は働いていなかったことが顕著となった。

　この失敗対処を検討した結果，国家行政組織法第3条2項に基づき，上記の原子力のリスクに関する規制体制を集約した原子力規制委員会が環境省の外局として設置された。本委員会は，他の行政機関から独立した権限を持つ，いわゆる3条委員会と呼ばれている。「原子力規制委員会設置法」の目的は，「東北地方太平洋沖地震に伴う原子力発電所の事故を契機に明らかとなった原子力の研究，開発及び利用に関する政策に係る縦割り行政の弊害を除去し，並びに一の行政組織が原子力利用の推進及び規制の両方の機能を担うことにより生ずる問題を解消するため，原子力利用における事故の発生を常に想定し，その防止に最善かつ最大の努力をしなければならないという認識に立つ」と示されている。原子力委員会の中には，事務局として原子力規制庁も設けられた。

　しかし，別途，原子力リスク行政に関して主要な意志決定機関として，内閣総理大臣を長（議長，および本部長）とし閣僚らで構成される原子力防災会議（平時），および原子力災害対策本部（緊急時）も創設されており，責任分担など意志決定の乱れが懸念される。もっとも原子力規制委員会委員長は，内閣官房長官，環境大臣と共に副議長，および副本部長となっているため，実質的権限は，内閣総理大臣にあるといえる。

　他方，原子力施設の災害時には，「原子力災害対策特別措置法」，「原子力損害の賠償に関する法律」の規制によって対処が行われる。放射性物質が環境中に飛散し，農作物，畜産物，水産物に汚染が生じた場合は，「原子力災害対策特別措置法」に基づき厚生労働省の食品安全委員会によって審査され，食品衛生法（第6条）に基づいて出荷制限，摂取制限が発せらる。なお，水産物に関しては，河川の魚のみが規制制限となっており，海産物に関しては指定されていない。しかし，放射性物質に曝される可能性が高い海底に生息する生物や海草類などは，定期的に測定する必要があると考えられる。

　さらに「環境基本法」に基づく「環境基準点」でも他の環境汚染物質と同様に放射性物質を測定し，統計的に分析されることで，事故による影響もより正

確に確認できるだろう。なお，福島第一原子力発電所事故後，大防法が改正され第2条2項で「環境大臣は，放射性物質による大気の汚染の状況を公表しなければならない。」ことが追加規制されたため一定の情報は期待される。

ドイツでは，環境・自然保護・原子力安全省（ボン）が，環境行政および原子力安全行政を所管しており，原子力施設の設置認可に関する許認可は州政府が行っている。これにより合理的な安全対策が備えられている。一般公衆の安全を考える場合，放射能による事故等汚染は，環境問題としてとらえるべきである。日本のように原子力安全行政を環境行政の管轄から外していたことは，縦割り行政が改善しない状況下ではまったくの不合理だったといえよう。行政の管理が不明確な天下り機関である特殊法人（原子力関連機関）が，わが国の主要なエネルギー政策である原子力を司っていること自体が大きな失敗である。[*3]不要な既得権は，消去しなければならないだろう。

また，原子力関連の封建的な管理による危険の誘発を防ぐために，内部告発者の保護制度（原子炉等規制法第66条）が定められている。内部告発のような情報に頼って安全を確保しなければならないこと自体が疑問であるが，現状では仕方がないとしかいえない。

核燃料等規制法［内部告発者保護］（原子力規制委員会に対する申告）
第66条　原子力事業者等（外国原子力船運航者を除く。以下この条において同じ。）がこの法律又はこの法律に基づく命令の規定に違反する事実がある場合においては，原子力事業者等の従業者は，その事実を原子力規制委員会に申告することができる。
2　原子力事業者等は，前項の申告をしたことを理由として，その従業者に対して解雇その他不利益な取扱いをしてはならない。

原子力発電のメリットとしては，大容量電力の供給が可能であることから電力の安定供給が図られ，また核反応の利用においては熱発生時の二酸化炭素発生がないことが挙げられる。しかし，デメリットとしては，発電停止に長時間を要することから容易に止められず無駄な発電（核反応）が極めて多いこと，発電コストが高い（研究開発費に高コストを要する）こと，および事故発生によ

る放射能汚染のリスク（有害性×曝露）が大きいことが挙げられる[*4]。このメリットとデメリットの評価は，国によって結論が異なっている。先進国の多くは，技術評価の結果，安全面の信頼性が得られず，原子力開発に消極的になっている。発電原料の採掘から使用・廃棄まで考えると安全性についてはまだ未熟な技術であることは明らかである。

　原子力発電で発生する核廃棄物に関しても環境保全の面から議論しなければならない事柄は多い。その対処として，わが国では，2000年6月「特定放射性廃棄物の最終処分に関する法律」が制定されているが，具体的な安全の確保の規定がないことが問題となっている。経済産業大臣は，5年ごとに，10年を1期とする特定放射性廃棄物の最終処分に関する「最終処分計画」を定め，これを公表することとなっており，処分の主体は，原子力発電環境整備機構が行うと規定されている。核廃棄物が放射能を大きく失うまでには，数万年以上の貯蔵が必要であり，その気が遠くなるような保存管理も不安の1つである。数万年にわたる保存には，地震やテロなど多くの安全対策が必要である。

　④　諸外国の動向

　米国は，1979年3月にスリーマイル島の原子力発電所で重大な事故が発生した後，原子力発電に関して慎重になり，リスク対策等も含めた運転コストが多額となったことから原子力発電に消極的になった。また，カリフォルニア州では，1998年4月からはじまった電力市場の自由化で巨額の安全コストを要する原子力発電には州政府から補助金を支給しなければ競争力がないことが判明した。しかし，その後技術開発が進み，効率的な運転が実現したことから2007年に1985年から停止していたテネシー峡谷開発公社のブラウンズフェリー1号機の運転が再開され，原子力発電について推進の傾向にある。

　また，プルトニウムリサイクル[*5]の推進に関しては，イギリス・セラフィールド再処理工場で事故が相次ぎ大きな問題となった。フランスでは，高速増殖炉スーパーフェニックスを閉鎖することを決定した。ただし，フランスは，エネルギー資源がほとんどないことから原子力発電を積極的に推し進めており，国内の総電力量の約8割（2010年5月現在）を原子力発電で供給している。ドイツやイタリアなど周辺国に大量の電力の売電も行っている[*6]。海外への原子力発電

所の建設輸出事業も多数実施している。

スウェーデンでは，原子力発電所廃止の世論が高まり，国民投票が行われ，1980年に国会で「原子力は持続可能な社会の電源としてふさわしくない」と決議している。デンマークからも廃止の要求が強かったバルセベック原子力発電所1号機が1999年11月に運転を停止した。2005年5月には，バルセベック原子力発電所2号機も運転を停止し，当該原子力発電所は閉鎖している。ただし，2号機の閉鎖には，スウェーデンの産業界や労働組合が「電力不足を懸念して原子力発電所廃止を反対」している現状も踏まえて，国会での審議の際に「省エネルギー，非化石燃料発電等で年間40億kWhの電力損失が供給できた場合に閉鎖する」との条件があった。なお，スウェーデンにおける原子力発電による電力供給は1980年から2010年まで増加しており，原子力発電を廃止した場合，国の経済状態を維持することは現状では難しいといえる。

ドイツ政府は経済性評価および一般公衆からの強い要望などで原子力発電の拡大に代えて，再生可能エネルギーの拡大政策を選択している。

⑤ シビアアクシデント

米国TMI原子力発電所事故（1979年），旧ソ連チェルノブイリ原子力発電所爆発事故（1986年），日本福島第一原子力発電所事故（2011年）は，原子力発電所における設計基準を大幅に上回った甚大な事故であり，「シビアアクシデント（Severe Accident [SA]）」と呼ばれる。これらの事故では原子炉における核反応のコントロール自体が不可能になり，原子炉の炉心に重大な損傷が起きている。原子力発電所のリスク回避は，「1. 原子炉を止める」，「2. 原子炉を冷やす」，「3. 放射性物質の封じ込め（環境放出を防止）」を基本にしているが，福島第一原子力発電所事故では原子炉を止めた後の対処で失敗している。

シビアアクシデントが発生し，放射性物質が環境中に放出された場合，自然循環の中に入り込み，食物連鎖で濃縮されることによって，人の健康に大きく影響することとなる。この影響で最も難しい面は，慢性的（長期間を要して健康被害が現れるような影響のこと）であることで，すぐに健康被害が現れなく，年齢が低い人（妊娠中も含め）ほど健康影響が大きいことである。福島第一原発事故では，事故現場から20キロ圏が「警戒区域」指定区域となり，その北西地

域が「計画的避難区域」指定区域（事故後の風向きで放射性物質が大量に降下した区域）になったが，そのリスクに関して一般公衆が理解することは難しいと考えられる。

　以前内閣府にあった原子力安全委員会から1992年5月に，「シビアアクシデントに対するアクシデントマネジメント（Accident Management［AM]）の整備」が勧告され，7月には政府が各電力会社にアクシデントマネジメントの整備を要請している。電力各社は，この勧告を受けアクシデントマネジメント対策を整備し，2002年5月にその内容を取りまとめた報告書を政府に提出している。原子力安全委員会は，当該報告書の対策は妥当であると評価しているが，不確定要因が多い自然現象を配慮しない不十分な検討であったといえる。

　伊方発電所原子炉設置許可処分取消請求事件（最判平成4年10月29日・民集46巻7号1174頁，判時1441号37頁，判夕804号51頁）では，原子炉設置取り消しを請求した住民に対し，裁判所の判断は，原子炉等規制法第23条に基づく設置許可審査について，「原子力の開発及び利用の計画との適合性や原子炉施設の安全性に関する極めて高度な専門技術的判断を伴うもの」であり許可の判断は妥当であるとして，上告を棄却している。今後，専門技術的立場からシビアアクシデントに対する正確なリスク評価を行い，わが国に存在する全原子炉のリスク対策向上が望まれる。

4.1.6　遺伝子組換え体の放出防止（病原体の感染防止対策）------

（1）　遺伝子操作技術の開発

　遺伝子操作技術は，1980年頃より工業や農業に利用できる革新的なバイオ技術として非常に脚光をあびてきた。近年では，DNA（Deoxyribonucleic acid）の鎖に多数結合しているヌクレオチド（塩基，リン酸，糖が結合したもので，人間のDNAには，約31億6000万個連なっている）から，人の遺伝情報（この1組をヒトゲノムという）を解析し，医学，薬学などへの応用研究が進められている（ヒトの遺伝子は，ショウジョウバエの遺伝子の数である1万3338個［ヌクレオチドの数：約1億8000万個］の約2倍程度にすぎない）。このゲノム情報解析をバイオインフォマティクス（生物情報科学）といい，多くのデータベースを駆使して生命研究が

行われるようになっている。

　新しい機能を持った微生物や細胞またはDNA（タンパク質やウイルス，リケッチアなど）自体は工業的には技術的に新規性が存在する。特許庁審査基準第Ⅱ部では，「天然物から人為的に単離した化学物質，微生物などは創作したものであり発明に該当する。（特許分類435,935：微生物/細菌，放射線菌，シアン化細菌，真菌，原生動物，動物細胞，植物細胞，ウィルス）」となっている。米国では1980年の段階で，最高裁が有機物を生産する遺伝子組換え体（細菌）を特許の対象とした（Diamond v. Chakrabarty）。1988年には，遺伝子組換え操作により作られた動物にも特許が認められている。

（2）　安全性確保と安全指針
①　概　要

　遺伝子組換え体（以下，組換え体とする）は，これまで世の中に存在していなかったものであり，そのリスクは不明で増殖性があることで一般公衆の不安が相乗的に高まった。安全性を確保するため，環境中への放出防止や実験者等への衛生面からのガイドラインの検討が，先進国や関連機関でなされた。企業側は，施設面等のコスト負担が生じ経済的利益に水を差された感で研究開発の向かい風になると受け止めているところが多かった。米国をはじめ規制が厳しくなった諸外国では，海外へ研究生産拠点を移転し，製品のみを本国へ輸入するといったことも行われたが，国際的に非難される結果となった。しかし，当時オランダの化学メーカーがわが国で，組換え体を利用した酵素洗剤原料の生産を始めたが，あまり問題にはならなかった。

②　欧　米

　遺伝子組換え操作における安全性の議論では，「組換え体の未知な危険性」と「宿主とベクターのリスク評価」が取り上げられている。前者に関しては，1975年に米国カリフォルニアで，科学者1500名が集まり，組換え体（微生物およびウイルス，リケッチア）の潜在的リスクについて会議を行っている（アシロマ会議）。

　その後，米国では，「宿主とベクターのリスク評価」を含めたNIH（National

Institute of Health）実験指針[*7]が1976年に作成され，1986年に各省庁の管轄にお
ける遺伝子操作（細胞融合を含む）を利用した研究生産に関した安全性確保のフ
レームワークが公表されている（Federal Register）。様々な議論の末，米国の各
省庁とも現行の法律で対処するとした。労働安全衛生に関しては米国労働安全
衛生局（Occupational Safety and Health Administration：OSHA）が，労働安全衛
生法（米国）（Occupational Safety and Health Act of 1970 U. S. A）の規定を準用し，
「バイオテクノロジーの潜在的な危険は，主として使用している化学物質から
のもので，組換えDNA技術特有の生産物ではない。ゆえに，化学的曝露を有
効に規制する規定が，通常の生物学的危険性も制御することを保障する。」と
した。また，環境放出に関しても同様に米国環境保護庁（U. S. Environmental
Protection Agency：U. S. EPA）が，連邦殺虫剤・殺菌剤・殺鼠剤法（Federal
Insecticide Fungicide and Rodenticide Act：FIFRA）および有害物質規制法（Toxic
Substances Control Act：TSCA）での対応を表明した。しかしながら，エシック
スの問題とも重なり，世論が安全性について非難し始めたことおよび現行法の
規制でも解釈次第で非常に厳しくなってしまう（安全性確認の証明）ことなどか
ら，実質的に米国国内では，関連の研究開発や生産活動が実施し難くなった。
また，遺伝子組換え体そのものの安全性欠如ではないが，米国PL（Product
Liability）法に抵触した昭和電工製L-トリプトファンの抽出分離のミスとされ
る事件は，混入した不純物の有害性によって発生している。
　英国では，1986年にすでに組換え体の環境放出ガイドラインがACGM（Advisory
Committee on Genetic Manipulation）により公表され，リスクアセスメントの実
施が義務づけられているにもかかわらず，即時森林への組換えウイルスの散布
許可が出されている。
　③　日　本
　わが国においては，NIHとほとんど同じ内容のガイドラインが科学技術庁お
よび文部省（現文部科学省）により1979年に「rDNA実験指針」（rDNAは，
recombinant DNAのことである）として公表されている（文部省が昭和54年3月「大
学等の研究機関における組換えDNA実験指針」（文部省告示），科学技術庁が昭和54年8
月に「組換えDNA実験指針」（内閣総理大臣決定）を公表）。工業化に関しても

OECDの勧告[*8]（1986年）に従い，厚生省，通産省，建設省，農林水産省等と1986年から次々にガイドラインが公表された。規制対象となったGILSPレベル[*9]には，従来の発酵など微生物利用産業もその範疇に含まれた。通商産業省（現・経済産業省）は1986年6月「組換え技術工業化指針」（醸造では古くから使われていた一種の遺伝子組換え技術であるセルフクローニングもガイドラインに含まれた），厚生省（現・厚生労働省）では1986年12月「組換えDNA技術応用医薬品の製造のための指針」，農林水産省では1986年6月「農林水産分野における組換え体利用のための指針」を公表した。その後，遺伝子組換え体から自然環境中の生物の多様性を守ることを目的として定められた「生物多様性条約カルタヘナ議定書(cartagena protocol on biosafety)」が2003年9月に発効され，当該バイオセーフティについてわが国の国内法である「遺伝子組換え生物等の使用等の規制による生物の多様性の確保に関する法律」が，2003年6月に制定された。また，遺伝子組換え食品に関しては，「農林物資の規格化及び品質表示の適正化に関する法律」（加工食品の表示）および「食品衛生法」（遺伝子組換え食品の安全性審査）で規制されている。

（3） 危険性

遺伝子操作によるハザードの評価は，OECDやわが国の技術委員会で報告された「宿主及びベクターが持つ病原性による危険を上回ることはない」との考え方でコンセンサスが得られている。これはあくまで経験則であり科学的に証明されたものではないが，遺伝子操作のリスク対策では基本的な考え方となっている。ただ1つ疑問として，遺伝子操作組換え体は，自然界での耐性が非常に弱いとの定義のもとでの見解であるので，耐性がある遺伝子を組み込んだ場合，または殺虫剤と害虫の関係のように組換え体自身が環境適応能力を持つと，自然の法則に従うこととなる。すなわち，今まで自然に存在しなかった遺伝子配列を持つ組換え体が繁殖することとなる。自然のバランスを変化させることはないのだろうか。セルフで耐性ができたとされる大腸菌O-157のような病原体も遺伝子が変化したものである。

また，現在，環境中に存在する病原体が，免疫の低下したものに感染し，最

悪の場合死に至らしめることもある。これら病原体の定性を研究し，環境測定などの手段により安全を確立する必要がある。病原性が低いものでも感染性があるものは，日和見感染の危険性がある。免疫が特に低く注意しなくてはならない者に，糖尿病患者や妊産婦等が挙げられる。法律による安全の確保が望まれる。

　バイオ実験施設の安全管理には，CDC (Centers for Disease Control and Prevention)／NIHの感染性病原体ガイドライン（正式名称は，「バイオ研究所で行われる感染性病原体取り扱いの安全性の確保のための規定」という）が，国際的に利用されている。このガイドラインで隔離廃棄物として挙げられているものには，「感染に関連した培地や株」，「血液類」，「病理系廃棄物（人体組織等）」，「損傷性廃棄物」，「実験動物関連廃棄物」がある。特定の病原菌を除去するための消毒や病原体を死滅させる滅菌など，わが国でも安全ガイドラインを定める必要があると考える。

（4）　バイオレメディエーション

　土壌や海洋での油流出やその他化学物質の汚染対処の方法として，微生物による分解を利用した方法がある。微生物を利用して水質を浄化する方法（生物学的処理という）としては，固定の浄化槽で実施されている活性汚泥法が最も普及しているが，バイオレメディエーションでは開放形で浄化できることが特徴である。

　浄化による現状修復は，分散剤と栄養分（窒素，りん）および微生物を混合したバイオレメディエーション剤を汚染地に散布し，微生物の代謝を利用して油などを分解することによって行われる。散布地域の土着の微生物を利用する場合は，微生物は配合されない。浄化作用は，環境条件で変化するため，安定した効果を得にくい欠点がある。気温や土壌の温度が低い場合は，生物の活動が少ないためあまり効果が発揮できない。米国では微生物の代謝機能を上げ浄化効率向上のため遺伝子組換え技術が利用されたものも実用化されている。

【注】

＊1：国際原子力事象評価尺度は，7：深刻な事故，6：大事故，5：所外へリスクを伴う事故，4：所外への大きなリスクを伴わない事故，3：重大な異常事象，2：異常事象，1：逸脱，0：尺度以下，および評価対象外となっている。本尺度は，国際原子力機関（International Atomic Energy Agency［IAEA］）および経済協力開発機構原子力機関（OECD／NEA）において検討され，1992年3月にオーストラリア，ウィーンで採択され，各国へ提案されている。

＊2：「核原料物質，核燃料物質及び原子炉の規制に関する法律」　本法（原子炉等規制法）は，原子力発電所に酸化ウランなど燃料等を供給する企業へも適用されており，環境保護面からも極めて重要である。その目的は，「核原料物質，核燃料物質及び原子炉の利用が平和の目的に限られ，かつ，これらの利用が計画的に行われることを確保するとともに，これらによる災害を防止し，及び核燃料物質を防護して，公共の安全を図るために，製錬，加工，貯蔵，再処理及び廃棄の事業並びに原子炉の設置及び運転等に関する必要な規制等を行うほか，原子力の研究，開発及び利用に関する条約その他の国際約束を実施するために，国際規制物資の使用等に関する必要な規制等を行うこと」となっている。

＊3：「原子力規制委員会設置法」附則第6条3項には，天下り等を防止するために「原子力規制庁の職員については，原子力利用における安全の確保のための規制の独立性を確保する観点から，その職務の執行の公正さに対する国民の疑惑又は不信を招くような再就職を規制することとするものとする。」との規定が定められている。

＊4：原子力発電は巨大なエネルギーを得ることができるため，「人口密度が高く膨大なエネルギーを必要としているわが国にとっては重要な電源である。」との考え方に基づいてわが国の基幹源源とする政策が進められた。2010年には，原子力立国といった表現まで作られた。

　1971年から建設が始まった柏崎刈羽原子力発電所1号機の強い建設反対運動がきっかけとなり，電源立地よる国利を原子力発電所立地周辺住民へ還元する（発電用施設周辺の公共施設整備を促進・地域住民の福祉の向上）電源三法を1974年に制定している（本法は原子力だけでなく水力，火力など他の電源も対象となる）。利益還元は，対象地域へ交付金の形で配分され，地域の活性化等に使用されている。しかし多くの建築物を建設したためその後のメンテナンス費用が嵩み，自治体の財政を却って逼迫させているところもある。交付金の財源は，電力会社から販売電力量に応じ税を徴収し，これを歳入とする特別会計を設けている。この電源三法とは，①電源開発促進税法（消費者から電力消費量に応じて税を徴収），②特別会計に関する法律（一般会計より各種交付金を規定），③発電用施設周辺地域整備法（電源立地地域振興対策交付金等を規定）である。

＊5：プルトニウムリサイクル　プルトニウムをMOX（mixed oxide of uraniumand plutonium）として熱中性子で燃焼することをプルサーマルという。プルサーマル計画は，核燃料サイクルと呼ばれ，使用済み核燃料を再処理して有用なウラン・プルトニウムを分離・回収し，再利用すること（サーマルリサイクル）で，核燃料量を増加させることができる。

＊6：1945年に政府機関として原子力庁（Commissariatàl' énergie atomique［CEA］）が設立され，2010年には，原子力・代替エネルギー庁（Commissariat al'energie atomique et

aux energies alternatives［CEA］英名：Alternative Energies and Atomic）と改名された。
CEAは，国防，原子力，技術利用，基礎研究を行っており，原子力発電に関しては，原子
炉製造，核燃料製造を行っている。2001年には，ドイツの電気メーカーのシーメンスの原
子力部門を買収し，フランス政府の持株会社アレバ（AREVA SA）を設立している。フラ
ンスはフィールドにおける核爆弾の実験を1996年で終了し，その後，実験等で得られたデー
タに基づき計算機によるシミュレーションで開発を進めている。その他，核弾頭，潜水艦
に関する開発もCEAで行われ，原子力発電と核爆弾の開発が同じ組織で行われている。

＊7：NIH（National Institute of Health）実験指針　　一般環境への遺伝子組換え体の放
出を防ぐため「物理的封じ込め」と「生物学的封じ込め」が規定された。物理的封じ込めは，
実験操作，実験器具，実験設備等を，その封じ込めの程度に応じて，BL1からBL4のレベ
ル分けが定められた。生物学的封じ込めは，実験室以外での生存率と実験室以外の宿主と
ベクターの伝播を最小にするような組み合わせでその封じ込め程度に合わせてHV1から
HV3に区別された。実験は承認制となり，Ⅲ-AからⅢ-Dにレベル分けされた。

＊8：OECDの勧告　　「組換えDNA技術工業化指針（Guideline for Industrial Application
of Recombinant DNA Technology）／組換えDNA技術の成果を工業プロセスで利用する際
の安全確保のための基本的要件」を示し，組換えDNA技術の利用に係る安全確保に万全を
期し，もってその技術の適切な利用を促進するためのものである。

＊9：GILSP（Good Industrial Large-Scale Practice）　　非病原性であり，病原性に関係
するウイルス，ファージおよびプラスミドを含まず，安全に工業的に長期間利用した歴史
があるかもしくは特殊な培養条件下では増殖するがそれ以外では増殖が制限されているも
のである。

4.2　情報の整備（事後対処と未然防止）

4.2.1　MSDS（Material Safety Data Sheet）： 化学物質安全データシート［SDS］

（1）　労働安全から環境保全

化学物質の汚染防止対策には，その物質の様々な性質を知る必要がある。
MSDSは，その性質を一覧にまとめ，環境安全や労働安全のための基礎情報
（有害性，物理化学的性質，環境中での挙動など）として利用することを目的とした
ものである。

① 米　国

米国では，労働安全衛生法の危険有害性周知基準[*1]（1985年制定）において，労働者の安全確保を目的としたMSDSの情報公開が行われている。本規則で事業者が作業者に危険・有害化学物質のMSDS情報を提供することを義務づけている。その後，1986年に制定されたスーパーファンド改正再授権法（Superfund Amendments and Reauthorization Act of 1986：以下，SARAとする）において，一定の量を超える化学物質が存在する施設を有する事業者に対し，前述の危険有害性周知基準に基づきMSDSを作成することが義務づけられている[*3]。このMSDSは，地方および州への報告義務が定められており[*4]，公衆は当局に書面で要求すると入手することができる[*5]。MSDS情報は，企業から放出の可能性のある化学物質の有害性に対して，地域住民の知る権利を確保するために機能している。米国では，非常に早い時期に，環境保全上の対策としてMSDS情報を役立てていたといえる。

このMSDSに記載される内容は，1．化学的な同一性，2．物理的・化学的性質，3．物理的な危険・有害性，4．衛生上の有害性，5．主要な侵入経路，6．許容濃度および曝露限度，7．発ガン性，8．安全な取扱いおよび使用に対して適用できる予防措置，9．工学的な管理，作業慣行・個人保護具等管理対策，10．緊急および応急措置，11．MSDSの作成日または変更日，となっており，第三者が行う環境リスクの解析にも有益な情報を与えると考えられる。

② 日　本

（i）労働環境　　わが国の労働安全衛生は，労働安全衛生法（以下，安衛法とする）と同法の規定に基づく各種規則で規制されている。特に，労働環境（作業環境）の汚染（または悪化）による労働者の健康障害を防止するために，環境の状況を確認することを目的とした作業環境測定法が制定されている。この測定は，労働に関した室内環境における環境モニタリングといえる。その関連には，じん肺法や各種指針がある（**表4-2-1**参照）。

労働環境保全の維持には，局所排気など有害物質を一般環境へ放出する措置がとられるが，汚染原因物質の環境中への放出という面からは環境汚染ということとなる。有機溶剤中毒予防規則で規制の対象となる物質（トルエン，キシレ

表4-2-1　労働安全衛生に関する法律

1．労働安全衛生法（および施行令） 　　有機溶剤中毒予防規則, 鉛中毒予防規則, 四アルキル鉛中毒予防規則 　　特定化学物質等障害予防規則, 電離放射線障害防止規則 　　酸素欠乏症等防止規則, 等 2．じん肺法 3．作業環境測定法 　　作業環境測定士〔国家資格〕, 作業環境測定機関〔厚生労働大臣指定〕 （労働基準法） 　等

ンなど）は，環境中への放出が多い物質として環境汚染（後述するPRTR法など）の問題となっている。

　化学物質汚染の未然防止を図ったものとしては，1992年（平成4年）7月に告示となった「化学物質等の危険有害性等の表示に関する指針」（労働省告示第60号[*6]）が注目される。この指針では，事業者が労働者に対して危険有害化学物質等に関する情報の掲示を義務づけている[*7]。その後，1999年安衛法において「第2節　有害物に関する規制」の第57条（表示等）から第58条（事業者の行うべき調査等）で新たに規制され，労働者等の有害物質に関する「知る権利」が法律により整備された。わが国のMSDSの整備も，米国と同様に事業者が労働者の安全衛生を確保することを目的としたものから始められた。

　文書の交付等（安衛法第57条の2）の対象となっている物質は，2014年7月30日に政令（安衛法施行令第18条の2〔別表9〕）を改正し，現在では，特定の化学物質および化合物（特定の元素を含む化学物質）は，633種類とその他厚生労働省令で定めるものとなっている。労働環境におけるこれら化学物質の有害性・危険性情報の整備は，後述する環境汚染物質に関する情報整備を目的とするMSDS制度と密接に関連している。

　このほか，事業者には健康障害を生ずるおそれがある化学物質については，有害性等を調査し，その結果に基づいて，労働者の健康障害を防止するため必要な措置を講ずることが義務づけられている（安衛法第58条）。さらに，「厚生

労働大臣は，労働者がさらされる化学物質等または労働者の従事する作業と労働者の疾病との相関関係を把握するため必要があると認めるときは，疫学的調査等を行うことができる（同法第108条の2）」こととなっている。[*8]

わが国で複数の化学物質についての性状情報調査を，企業の注意義務として最初に取り上げられたのは，半導体の製造工程である。半導体の製造工程では，非常に多種類の特殊材料ガスが使用され，労働現場では安全および衛生上の事故が発生した。特に自然性化学物質（空気中で自然発火する化学物質のこと）の取扱いについての知識不足から多くの労働災害が発生した。これに対処するために労働省（現・厚生労働省）は，1988年に「半導体製造工程における安全衛生指針」を策定した。この指針には，43物質のMSDSデータが添付されているが，事業者へのMSDSの作成義務は示されていない。

(iii) 商取引におけるMSDSの整備　「特定化学物質の環境への排出量の把握等及び管理の改善の促進に関する法律」（**4.2.2**で説明）は，2001年1月から化学物質を事業者間で取引する際にMSDSの提供を義務づけている（第14条1項）。当該法でMSDS提供義務の対象となる化学物質は，「第一種指定化学物質（462物質）」および「第二種指定化学物質（100物質）」として定められており，人や生態系への有害性（オゾン層破壊性を含む）があり，環境中に広く存在するまたは継続的に広く存在する可能性があると認められる物質として，政令で計562物質が指定されている（2009年10月施行）。ただし，対象化学物質の含有量が1％未満の製品，金属板・管など固形物，一般消費者用の製品（家庭用洗剤，殺虫剤など），再生資源（空き缶，金属くず）などは，MSDSの提供の義務から除かれている。

また，MSDSの提供は，試薬や化学物質製造業者から成形・加工業者，卸売業者，小売業者に対して取引がある場合に義務が生じるが，消費者に対しては提供義務はない。

③ 国際機関

EC（European Commission：欧州委員会）では，1993年に「危険な（Dangerous）物質と調剤に関するMSDSの内容について」指令が公布されている。また，1990年には「職場における化学物質の使用の安全に関する条約（第170号条約）」

が採択され，ILO（International Labour Organization：国際労働機関）では，この条約に基づくILO勧告で，MSDSの記載項目が定められている。この勧告の内容は，前述のEC指令の内容と同じである。

　また，1992年UNCEDで採択されたアジェンダ21では，第19章「有害かつ危険な製品の不法な国際取引の防止を含む有害化学物質の環境上適正な管理」において「健康及び環境への有害性評価に基づいた化学物質の適切なラベル表示及びICSC（International Chemical Safety Card）のようなMSDSまたは同様な書面の普及が，化学物質の安全な取扱い方法及び使用方法を示す最も単純かつ効果的方法である。」と，化学物質の性状情報の重要性を示している。ICSCとは，IPCS（国際化学物質安全性計画：UNEP，ILO，WHOの共同の国連組織）によって，1988年から作成が続けられている化学物質の安全性カードで，利用対象者は化学の専門家ではない人たちを念頭に置いており，開発途上国での安全性情報の提供手段やトレーニング材料となることも意図している。

　UNEPでは，「化学物質の人及び環境への影響に関する既存の情報を国際的に収集・蓄積すること」および「化学物質の各国の規制に係る諸情報を提供すること」を目的として，国際有害化学物質登録制度（International Register of Potentially Toxic Chemicals：以下，IRPTCという）を実施している。IRPTCによる情報の収集，蓄積活動の主な成果は，これまでに数種のデータプロファイルとして刊行されている。

　④　SDS

　2002年に南アフリカ共和国ヨハネスブルグで開催された「持続可能な開発に関する世界サミット（World Summit on Sustainable Development［WSSD］／通称，リオ＋10と呼ばれている）」で，「化学品の分類および表示に関する世界調和システム（The Globally Harmonized System of Classification and Labelling of Chemicals：以下，GHSとする）」の検討が行われ，国際的な化学物質のハザード情報普及が図られた。GHSの目的は，化学物質の有害性等について国際的に統一した情報伝達方法として，表示，SDS（Safety Data Sheet）を促すことである。このSDSは，前述のMSDSとほぼ同様の概念である。EUではSDSに統一して使用されている。中国では，2002年1月26日に国務院令第344号として公布された「危

険化学品安全管理条例」を改定し，GHSに従って2011年12月１日より「危険化
学品安全管理条例」が施行され，SDSは，CSDS（Chemical Safety Data Sheet：
化学品安全説明書）とされている。当該条例第15条で「化学品安全技術説明書」
および「化学品安全ラベル」に記載する内容は，国家標準の要求を満たす必要
があることが定められた。また，米国では，米国労働安全衛生基準（連邦規則，
CRF1920：1200 App D）がGHSに調和するために改訂され，MSDSをSDSと名称
を変更している。

　わが国では，「指定化学物質等の性状及び取扱いに関する情報の提供の方法
等を定める省（平成12・12・22通令401，改正平成24・４・20経産令36）」において，
2012年６月にGHSに準じた内容が追加され「化学品を事業者間で取引する際，
化学品の譲渡・提供事業者に対し，SDSによる有害性や取扱いに関する情報の
提供を義務付けるとともに，ラベルによる表示を行うよう努めること」が定め
られた。規制対象となる化学品（製品）は，「特定化学物質の環境への排出量
の把握等及び管理の改善の促進に関する法律施行令」に定める対象物質（第一
種指定化学物質，第二種指定化学物質）や，対象物質を１質量%以上（特定第一種指
定化学物質の場合は0.1質量%以上）含有するものとなっており，他の事業者に譲
渡または提供するすべての事業者に規制が課せられている。また，法で定めて
いる指定化学物質等を譲渡し，または提供する相手方から当該指定化学物質等
に関する情報の提供を求められたときは，提供しなければならないことも定め
られている。

　ISOでは，化学物質のリスク情報の公開に関してISO11014-1で示しており，
わが国ではこの規格を日本語に翻訳して日本工業規格のJIS Z7250として定め
られている。JIS Z7250は，GHSの項目と整合するように，さらに2012年３月
にJIS Z 7253：2012に変更された。事業者の自主管理のガイドラインとして，
前記省令と同時に環境省から「指定化学物質等取扱事業者が講ずべき第一種指
定化学物質等及び第二種指定化学物質等の管理に係る措置に関する指針（平成
12・３・30環・通告一，改正平成24・４・20経・環告７）」も告示され，「第四　指
定化学物質等の性状及び取扱いに関する情報の活用に関する事項」で"化学
品の分類および表示に関する世界調和システム（GHS）"に基づく日本工業規

格Z7252及びZ7253に従い，化学物質の自主的な管理の改善に努めること。」が
定められた。「特定化学物質の環境への排出量の把握等及び管理の改善の促進
に関する法律」の関連法令で使用されていた用語もMSDSからSDSに改訂され
た。

（2）　製造物責任

① 　カネミ油症事件とMSDS

　PCBの食用油への混入により製造物責任が問われたカネミ油症損害賠償事件
（福岡高判昭和61年5月15日・判時1191号28頁）では，汚染者へ汚染原因となった
物質を間接的に提供することになった原料メーカーの製造物に対する責任が争
われている。本件は，カネミ倉庫製のライスオイルを食用として摂取した多数
の人々が皮膚，内臓，神経等の疾病を伴う全身性疾患の被害を受けたもので，
その原因は製造工程中で使用するカネクロール（鐘淵化学が販売したポリ塩化ビ
フェニル［PCB］を主成分とする熱媒体）がライスオイルに混入したことによるも
のである。PCBは，肝臓障害，色素沈着，および胎児への影響等，有害性が高
い物質である。

　判決では，「合成化学物質の製造者としては，需要者の側で一定の使用条件
を設定確保し適切な物品管理を行うことを期待し得る場合においては，かかる
需要者に当該化学物質を供給することを妨げないものというべきである。た
だ，その場合には，需要者に対して右物質の毒性を含む諸特性及びこれに応じ
た取扱方法を周知徹底させ，その使用が一定条件のもとにおいてのみ安全であ
ることを警告すべき注意義務を負担するものといわなければならない」と述べ
ており，原料メーカーからのPCBについて特性の告知およびリスクの警告，す
なわちMSDSの提供を安全注意義務としている。製造物責任の面からもMSDS
は，重要な情報を与えるといえる。

　なお，PCBは，「化学物質の審査及び製造等の規制に関する法律（1923年公布）」
（以下，化審法とする）で特定化学物質に指定され，製造・輸入・使用が規制
対象となり，1972年以降生産が中止されている。また残留性有機汚染物質条約
（POPs条約[*9]）の規制の対象になっており，使用中のPCBについても2025年まで

に廃止が定められている。わが国では，既存のPCBについては「ポリ塩化ビフェニル廃棄物の適正な処理の推進に関する特別措置法（2003年施行）」に基づき処理が進められている。

② 化学物質の審査及び製造等の規制に関する法律

化学物質の性状について調査すべき項目は，物理的・化学的性質，生体への影響，環境中での反応による直接的影響および副次的影響など非常に多岐にわたる。今後新たな有害性や地球環境汚染の原因が発見される場合も考えられ，すべての化学物質が潜在的環境汚染の可能性を秘めている。化学物質の安全性に関する定性項目についても多くの部分が未調査のままとなっている。化学物質のリスクが定量的に判明した性質の部分は，相当の安全対処を施せば，安全性を高めることができる。しかし，性質の有無さえ不明な部分については，対処方法も不明である。性質が不明な部分を持つ化学物質には，最も厳しい安全管理である完全密閉が必要と考えられる。

わが国では，新規化学物質を製造または輸入する事業者は，化審法に基づき，事前の届出と試験データの提出が義務づけられている。その種類（化審法第2条2項，3項，5項，6項）として，環境中への放出を回避（製造・輸入許可制，回収等措置命令等）する「第一種特定化学物質」，環境中への放出を抑制（製造・輸入［予定および実績］数量，用途等届出）する「第二種特定化学物質」，有害性や使用状況等を詳細に把握（製造・輸入実績数量，詳細用途別出荷量等の届出，有害性調査指示，情報伝達の努力義務）する「優先評価化学物質」が定められている。既存の化学物質については，使用状況等を大まかに把握（製造・輸入実績数量，用途等の届出）する「一般化学物質」[*11]（化審法第2条7項）と使用状況等を詳細に把握（製造・輸入実績数量，詳細用途等の届出義務）する「監視化学物質」（化審法第2条4項）がある。「優先評価化学物質」と「一般化学物質」は，国がリスク評価を実施することが定められている。なお，対象となる化学物質には，放射性物質，および「毒物及び劇物取締法」第2条3項に規定する特定毒物，「覚せい剤取締法」第2条1項に規定する覚せい剤および同条5項に規定する覚せい剤原料，「麻薬及び向精神薬取締法」第2条1号に規定する麻薬は含まれない（化審法第2条1項）。

　なお，MSDS制度が先行している米国では，新規化学物質の製造または輸入
に関しては，有害物質規制法*11（Toxic Substances Control Act：以下，TSCAとする
／なお，TSCAは通称トスカと呼ばれる）第5条で規制している。前述の米国安全
衛生法のMSDSの提出においては新たに有害性試験まで要求していないが，
TSCAでは新規物質製造事前届出（Premanufacture Notification［PMN］）の規定
に従い有害性試験を実施しなければならない。なお，MSDSはハザードコミュ
ニケーション（EPA Premanufacture Notice for New Chemical Substances Part 1-
GENERAL INFOMATION）の提供情報として添付が要求されている。

4.2.2 PRTR（Pollutant Release and Transfer Register）／有害化
学物質放出移動登録制度 ------------------------------

（1）　PRTR制度検討の経緯

　PRTRは，有害性のある多種多様な化学物質が，どのような発生源から，ど
れくらい環境中に排出されたか，あるいは廃棄物に含まれて事業所の外に運び
出されたかというデータを把握し，集計を行い，公表する仕組みで，わが国で
は，企業から排出または廃棄される汚染の可能性のある物質の種類と量を記録
し，行政がそのデータを管理規制している。

　この制度は，1992年の国連環境と開発に関する会議で採択されたアジェンダ
21（19章「有害かつ危険な製品の不法な国際取引の防止を含む有害化学物質の環境上適
正な管理」）の提案に従い，国際的に進められたもので，当初は，IPCS（Inter-
national Programme on Chemical Safety：国際化学物質安全性計画），WHO，ILO
（International Labour Organization：国際労働機関），UNEPの協力で検討が実施さ
れた。その後，検討の場は1994年以降，OECDに移り，5回のワークショップ
でPRTRの有用性，物質の選定基準，データ管理と報告，データの普及と利
用，システムの実施が議論された。1996年には，「OECD理事会の導入勧告」
が発表となり，各国でPRTR制度の導入が進められた。そして，1999年に
OECD環境政策委員会から理事会へ各国の状況が報告された。わが国のPRTR
制度は，1999年に公布となった「特定化学物質の環境への排出量の把握等及び

管理の改善の促進に関する法律」（以下，化学物質把握管理促進法とする）で整備された。[*12]

（2） PRTR制度の機能

PRTR制度の注目すべき機能を示すと次の4項目が挙げられる。

①　多くの物質を対象とすることができる（排出物の環境計量は行わない）

②　環境政策の進捗状況の指標となる（農業，交通など統計データと統合）

③　環境保護誘導政策の基礎データとなる（産業界の有害物質削減目標など）

④　新たな汚染に対する情報源となる（因果関係の基礎情報：未知な汚染）

PRTR制度は，有害性が懸念されているがハザードが明確でない化学物質を対象にできることから，これまで規制できなかった性質がわからない化学物質を削減できる可能性がある。

過去には，法規制で対象となった化学物質の代替をする場合，環境中での性質が明確になっていなくても規制対象外のものが使用される傾向があったが，

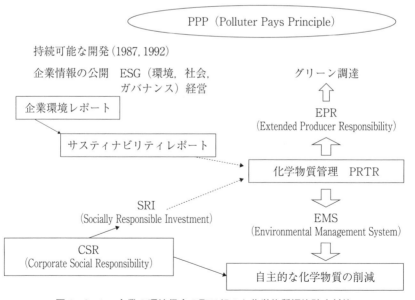

図4-2-1　企業の環境保全の取り組みと化学物質汚染防止対策

PRTR制度による企業の自主的環境活動の促進で改善されている。PRTR制度の一般公衆への知る権利に基づいて工場等で使用する化学物質が公開されることから，企業は物質の性質に不明な部分があるものや有害性の高いものを極力使用しない方針を強めている。

　長時間を要して影響が現れる有害物質の慢性的影響については，遡及的に放出データを解析することで，原因究明または因果関係の証明ができる可能性がある。ただし，法的対処は，遡及効果が認められる場合に限られる。

　慢性的な影響が問題となる汚染については，科学的な測定に基づくモニタリングによって物質を検出することが困難である。特に再発防止策は，次に示す項目が問題となる。

　①汚染物質の特定，②汚染物質の性状の把握，③環境中の挙動の確認，④検出方法の標準化，⑤排出基準の作成，⑥環境計量によるモニタリング。

　また，PRTR制度のメリットとして，企業の利害関係者である投資者，株主，融資者，顧客・消費者，取引先，労働者（従業員），工場等サイトの周辺住民，および監視者（行政，環境団体など）と環境コミュニケーションが図られ，環境保護の推進が誘導されることが挙げられる。さらに，企業環境報告書（または，CSR報告書）の公開，グリーン調達，CSR活動などとリンクされ，相乗的に環境保護活動が広がるだろう（図4-2-1参照）。

（3）　諸外国におけるPRTR制度の利用についての考え方

　PRTR制度の利用の考え方は，各国で異なっている。大きく分けて，米国を中心とする国で実施されている「個別情報の公開」に重点を置くものと，オランダを中心とした欧州で実施されている「統計的データから政策の進捗確認」を重視するものとになる。どちらも環境情報を整備することにより，汚染防止への誘導的法政策として有効と思われる。

　前者（米国型）は，一般公衆の知る権利を確保し，汚染原因者に汚染防止について直接的にインセンティブを発生させるが，環境リスク評価が正確に行われなかったり，一般公衆に評価結果が間違って伝わると，無意味な危機感を惹起させる。また，企業サイドも一般公衆に直接関わらないような企業活動

（メーカーへ原料や部品を供給している企業など）では，購入側の企業で環境保全の意識がない場合あまり動機づけにはならない。

　後者は，環境基準の測定地におけるデータの原因を確認する際に，非常に有効な情報を与え，その解析を図ることにより明確な根拠を持った地域環境政策を策定することが期待できる。しかし，情報を提出する個別企業への汚染防止へのインセンティブはあまり期待できず，政策策定には長期間が必要となり，既存の環境モニタリングシステムの活用の方が企業へのすばやい直接的対応には適している。

　また，エンドオブパイプ対策として，工場排出口での有害物質の濃度や排出量を調査する環境モニタリング規制では，社会システムの構築や測定装置などの整備に膨大な資金（投資）を要するのに対し，PRTR制度では，比較的安価にモニタリングシステムが整備できることから，まだ環境保全のための環境モニタリングシステムが作られていない国にとっては，有効性が高い。UNIDO（United Nations Industrial Development Organization：国連工業開発機関）では，PRTR制度の開発途上国への積極的な導入を促している。ただし，PRTR情報は，事業所の自主的な活動に基づいているため，データの信頼性の担保が難しい。モニタリング規制が機能していない国での実施は，慎重な対応が必要になると考えられる。

　PRTR制度に関する見解について，国際的な動向を次に示す。

　①　個々の企業の放出・移動・廃棄データを公表

　米国；ワースト企業やワースト地域を公表し，企業の自主的な汚染防止対策を促す。TRI（Toxic Release Inventory）SYSTEM

　類似；カナダ：NPRI（National Pollution Release Inventory）

　②　各種環境政策の進捗状況の確認

　オランダ：企業からの放出情報と農業・交通の放出データとを総合的に処理・評価し，環境政策全般の進捗状況を確認する。IEI（Individual Emission Inventory System）

　類似；ドイツ：Federal Immission Control Act – BImSchG

　③　その他：既存モニタリング規制データとPRTR情報を複合

英国；IPC（Integrated Pollution Control）　CRI（Chemical Release Inventory）

（4）　オランダ

オランダでは，1974年から産業界に有害物質の放出についてのインベントリー提出を義務づけている。最初の施行は，1974年から1981年の間の情報について，州が主体となった。6300社の約2万施設の事業所が登録の対象となった。この汚染の解析には，交通，鉄道，航空等からの統計的に算出された放出情報データも考慮され，産業界からの登録データと合わせて統計処理が実施された[*13]。この調査のデータ解析で注目されたことは，大気放出に関して，約10%の数の企業が，97%の放出原因を占めていることであった。それ以降は国が主体となって調査を実施しており，放出に関連する主要な業種を検討し，重要な化合物の放出も加味した上で，企業を選択することとしている。1985年～1987年の放出の届出について発表されたレポートで，優先的に対策が必要な52種類の物質が定められ，大気と水質に関して，1500社，2900施設からの報告がなされている。

放出データの分析結果は，国家環境政策計画で分類されている発生源のカテゴリーごとに示されている。当該計画で問題となっている主な環境テーマは，地球温暖化による気候変動，オゾン層破壊，酸性化，および有害物質の分散である。重要な放出源は，工業，交通，農業，消費者であり，大気および水域への主な汚染物質の放出となっている。さらに，分析では，いくらかの汚染物質について放出密度の地理的なパターンも考慮されている。

このほか，ベルギーの工業地帯であるフランドル地方（FLEMISH Region "CORINAIR Emission Inventory [CORINAIR：COoRdination d'INformation environmentale - AIR]）でもオランダと同様のPRTR制度が行われている。

（5）　米　国

米国では，PRTR制度に相当するTRI（Toxic Release Inventory）制度がスーパーファンド法のSARA（Superfund Amendments and Reauthorization Act）の第313条として規定されている。TRI制度の規制対象は，一定規模以上の製造業の事業

所となっており，州および連邦へ汚染物質放出・移動情報の届出が義務づけられている。米国環境保護庁では，1991年にこの制度で集められた有害物質の放出・移動情報に基づいて，優先的削減が望まれる17物質を取り上げ，企業に自主的放出抑制を呼びかけている。この計画は，33／50プログラム[*14]と呼ばれ目的は達成された。この33／50プログラムの成功により各州で類似の計画を検討しており，TRI情報が有効に利用されている。

　TRI制度によって提出が義務づけられている項目は，フォームRという届出様式で示されている。

　TRI制度における汚染物質放出・移動情報の流れを次に示す。

　a．規制対象企業で,製造・加工・使用物質ごとにフォームRに基づくインベントリーを作成

↓

　b．対象企業から州および連邦へデータの届出
　　　（提出は，デジタルデータまたは書面にて州およびU. S. EPAに提出する。州では，作業の効率化のためデジタルデータの提出を推奨しているところもある。）

↓

　c．TRI収集データはID管理され，公開（連邦環境保護庁：U. S. Environmental Protection Agency）
　　　（連邦で統計処理し，ワースト企業，ワースト州などを公表，州では連邦のデータを参考にしているところが多い。）

↓

　d．公衆，および環境団体で評価：企業にとってはイメージアップのアピール効果もある。
　補足：データ項目や目標等が不十分と判断した州では，独自の州法や計画等を作成している。（ニュージャージー州やテネシー州など今後，増える傾向がある。）

　SARA規定では，公衆は当局に対して企業内で使用される化学物質のMSDSを入手できることが定められているため，TRI制度で得られた放出・移動された化学物質についても当該情報を得ることが可能となる。すなわち，環境中に放出・移動された化学物質の量とその有害性が把握できることとなり，公衆自ら地域における潜在的な環境汚染リスクを予測することが可能となる。対して，化学物質把握管理促進法では，MSDSに関して「指定化学物質等取扱事業者は，指定化学物質等を他の事業者に対し譲渡し，又は提供するときは，その

図4-2-2　TRI 33/50プログラムでU.S.
EPAから公表された企業の
取り組み状況レポート

譲渡し，又は提供する時までに，その譲渡し，又は提供する相手方に対し，当該指定化学物質等の性状及び取扱いに関する情報を文書又は磁気ディスクの交付その他通商産業省令で定める方法により提供しなければならない。」(第14条)となっており，事業者間のみでMSDS情報を提供するにとどまっている。一般公衆にPRTR情報が公開されたとしても，放出・移動した化学物質の性質が不明なままでは，公衆自らが地域の潜在的な環境汚染リスクを予測することは不可能である。

　MSDSは，化学物質のハザードに関する基礎情報であり，普遍的なものである。PRTR情報を利用し，定量および定性面から安全対処に合理的に役立てるには，一般公衆への情報公開を義務づけるべきであろう。

【注】
＊1：Occupational Safety and Health Act of 1970, 29 U. S. C. 651, 653, 655, 657.
＊2：29 CFR1910. 1200 (Hazard Communication Standard: HCS).
＊3：40 CFR370.20 (Aplicability), SARA Section 311およびSection 312に基づいてMSDSが作成される (Superfund Amendments and Reauthorization Act of 1986, 42 U. S. C. 11011, 11012, 11024, 11025, 11028, 11029)。
＊4：40 CFR370.21 (MSDS Reporting).
　SARA (Superfund Amendments and Reauthorization Act of 1986) のTITLEⅢでは，地域の知る権利として事故時対策委員会および消防署へも提出が義務づけられている。TSCA (Toxic Substances Control Act) でも新規化学物質の製造前の届出の際のHazard InfomationにMSDSが含められた。
＊5：40 CFR370.30 (Request for Information), 40 CFR370.31 (Provision of Information).
＊6：化学物質等の危険有害性等の表示に関する指針 (労働省告示第60号)　　この告示と同時に「化学物質等の危険有害性等の表示に関する指針について(基発第394号)」および「"化学物質等の危険有害性試験基準" 及び "化学物質等の危険有害性評価基準" の制定について(基発第395号)」を発表し，MSDSの記載についての詳細を定めている。基発第394号では，

「化学物質等安全データシートの様式は任意であること」としており，まだ整備すべきデータの項目が定まっていない。

＊7：危険有害化学物質　　「危険」とは，爆発・火災を伴うような物理的現象を示す状態といい，「有害」とは，人に疾病・死亡などを発生させるような事象を示す。危険有害物質とは，この双方の性質を持つ化学物質のことをいう。

＊8：疫学的調査　　特定の疾病の分布（または発生頻度，広がり方）を，年齢，性別，職業，経時的変化，地理的要因，社会的要因などとの関連について統計的に解析し，その疾病の原因などを研究するための調査をいう。1849年に行われたイギリス・ロンドンでのコレラ発生原因調査で，特定の水道を使用している地域に発生が多いことがわかり，その水道を封鎖することによってコレラの発生を減少させた事例が有名である。四日市ぜんそく事件では，疫学調査結果が証拠として採用された。最近では，1993年に電磁場による脳腫瘍，白血病の発生の危険性をスウェーデン・カロリンスカ研究所が発表し，社会的問題となっている。

＊9：残留性有機汚染物質条約（POPs条約）　　POPs（Persistent Organic Pollutants）とは，残留性有機汚染物質のことをいい，条約では，アルドリン，クロルデン，ディルドリン，エンドリン，ヘプタクロル，ヘキサクロロベンゼン，マイレックス，トキサフェン，PCB，DDT，ダイオキシン・ジベンゾフラン，ヘキサクロロベンゼンが規制対象となっている。

本条約は，2001年5月127カ国により採択され，2004年2月に50カ国が批准し発効した。日本は，2002年8月に批准している。条約の目的は，毒性，難分解性，生物蓄積性および長距離移動性を持つ残留性有機汚染物質から人の健康を守り，環境を保全することである。

製造，使用の原則禁止となっているものは，アルドリン，クロルデン，ディルドリン，エンドリン，ヘプタクロル，ヘキサクロロベンゼン，マイレックス，トキサフェン，PCB，製造，使用の制限となっているものは，DDT（マラリア対策用のみ対象外），非意図的生成物質の排出の削減の対象となっているものは，ダイオキシン類・ジベンゾフラン，ヘキサクロロベンゼン，PCBである。

＊10：約2万8000物質（2011年4月現在）が登録されている。

＊11：Toxic Substances Control Act of 1976, 15 U. S. C. 2604, 2607, 2613

＊12：化学物質把握管理促進法の進捗状況　　化学物質把握管理促進法の進捗の経緯は以下の通りである。

1996年7月　OECD勧告

1999年7月　化学物質把握管理促進法公布

化学物質管理法の施行段階

2001年4月～2002年3月

　　　　　第1回排出・移動記録（把握）の開始

　　　　　ただし，取扱量が5トン以上の事業者が対象（暫定）

2002年4月　第1回記録結果届け出開始（2002年度3万4830事業所が届け出）

2003年4月　第1回届出結果等の公表・開示の開始

2003年4月～2004年3月　第3回排出・移動記録（把握）から法規定に従い取扱量が1トン以上の事業者を対象

＊13：オランダのPRTR処理　　汚染情報は，次の2つのインベントリーシステムによって収集される。

①　放出インベントリーシステム（IEI［Individual Emission Inventory System］）　このシステムでは，有害物質を放出しているほとんどの工業が対象となる。企業での放出データは，発生源（放出点）の情報と一緒に，発生原因，化学物質の種類，発生場所についてカテゴリー別に分けられる。（1994年12月に発表されたレポートでは，約800の企業について，900物質近くのマトリックスデータに関して，報告があった。）

②　集合的放出インベントリーシステム（CEI［Collective Emission Inventory System］）このシステムでは，規則的にデータが収集されるのではなく，次の放出についての情報を備えている。

（i）毎年の交通等の発生源，(ii)農業等土地利用や自然の発生源に関連した拡散放出，(iii)住宅建設，(iv)中小企業等の放出（この放出は，住民，住宅，自動車，仕事，などの数やその他放出要因の利用のような統計的データに基づいており，専門家グループによって検討されている。）

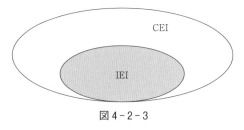

図4-2-3

①と②の関係を図に示すと図4-2-3の関係となる（工業：統計局（CBS），国立公衆衛生および環境保護研究所（RIVM）のデータに基づき解析・算出した中小企業等オランダ全産業の排出源からの放出インベントリーデータ）。

＊14：33／50プログラム　　TRI制度で報告対象としている物質で優先的に削減が望まれる17種類について，1988年のTRIポートのデータを基準として1992年までに33％削減し，1995年までに50％削減を目標とする計画である。

米国環境保護庁が，企業に自主的な参加を求めたもので，1993年の段階で1300社を超える企業の参加があった。プログラムを始めた当初は順調に削減が行われ，1995年以前に目標達成がなされる勢いであったが，1996年のTRIレポートで発表された最終結果では，かろうじてクリアされた状態だった。

33／50プログラムで対象となった物質は，ベンゼン，メチルエチルケトン，カドミウムおよびその化合物，メチルイソブチルケトン，四塩化炭素，ニッケルおよびその化合物，クロロホルム，テトラクロロエチレン，クロムとその化合物，トルエン，シアン化合物，1,1,1-トリクロロエタン，塩化メチレン，トリクロロエチレン，鉛およびその化合物，キシレン，水銀およびその化合物である。

第**5**章
解決すべき問題

5.1 経済的誘導政策

5.1.1 概　要 --

　環境問題を解決するための基本的な政策は，汚染者に責任を負わす手段を原則としている（汚染者負担の原則）。

　政府は環境改善目標を達成するために，従来から直接規制を用いている。特に健康上または安全上の重大な脅威が存在する場合や，ある地方で汚染が一定レベルを超えて危険な状態になりうるような場合に有効である。しかし，汚染の多様化および時間的広がり，ならびに汚染発生原因技術の高度化から，科学的根拠に基づく汚染原因の特定が困難となりつつあり，環境計量に基づいた汚染物質の排出基準（濃度，総量）を定めることが難しくなってきている。

　一方，経済的手段をとる規制では，「継続的な改善に対する報酬と経済的インセンティブを設定」，「環境目標を達成するために市場を効果的に利用」，「政府と企業が共通の環境保全目標に対して費用対効果が大きい方法を見出す」，「汚染対策から汚染防止に移行（汚染後の対策より予防の方が安価な環境保全費用となる）」などを行い，環境悪化の予防や改善を図ろうとしており，直接規制で困難な汚染対策の代替方法として期待できる。

　欧州では，環境税（炭素税など）が比較的早い時期から導入されている。また米国では，大気浄化法（CAA）のもと州実行計画に基づき大気汚染（SOx）

に関して排出権取引が積極的に行われている。従来から実施されているものと
しては，賦課金，課徴金および補助金があり，産業界で自主的に行われている
デポジット制なども挙げられる。デポジット制とは，何らかの物の販売時に，
預り金を先に取り，返却時にその容器等のお金を返すことなどをいい，わが国
では，ビール瓶の返却などですでに実施している。

5.1.2 わが国の経済的誘導政策

　わが国では，「公害健康被害の補償等に関する法律」で潜在的汚染者に課さ
れる賦課金が，従来より機能している。その他制度には，環境保護を目的とし
た投資への融資，差別価格（環境負荷の高いものを高い値段に設定：有鉛ガソリン
など），環境負荷低減装置に対する特別償却制度，環境保護に関した技術の開
発・実用化・普及に関する補助金などが挙げられる。具体的には，環境事業団
融資制度（現在は政策投資銀行が実施），民活法に基づく支援（廃プラスチック油化
設備），新エネルギー財団低利融資等がある。

　環境保護を推進する企業に対する税制優遇措置としては，環境汚染防止に係
る特定施設の取得にあたり税負担を軽減する措置（特別償却），や投資資本取得
額の一定額の税額を控除する措置（税額控除）などがある。特定施設には，①
産業廃棄物の適正処理に著しく資する機械，②産業廃棄物再生処理用設備，③
CFC類物質（オゾン層破壊原因物質）の放出防止に著しく資する機械，④エネル
ギー需要構造改革推進設備等（廃エネルギー回収，太陽光・風力その他石油以外の
エネルギー資源利用設備等）がある。

5.1.3 諸外国の動向

　ECでは，1990年に環境法の補完規制として，次の方法を勧告している。
　①環境税，②排出課徴金，③排出権取引，④廃棄物処理や有害商品の製造課
徴金。

　また，OECDでは，経済的誘導手段を導入する際の選択基準として次のクラ
イテリアを示している。
　①　環境効果（Environmental effectiveness）：環境基準など政策目標達成のた

めに，各経済的手段を評価し，効率的なものを選択。

②　公平性（Equity）：費用負担，便益の配分についての公平性を検討。

③　実行可能性とコスト（Administrative feasibility and cost）：実行可能性の評価と実施コストが過大にならないように検討。

④　受容性：関係する者の理解，コンセンサス，協力の有無。受容性を高めるには，十分な情報，コンサルティング，技術改善などが重要。

具体的な分類としては，次の5つを挙げている。

①課徴金および税：排出課徴金または税，ユーザー課徴金，製品課徴金，②売買可能排出権，③デポジット制度，④資金援助（補助金等），⑤その他：罰金，不履行過料，管理料金など。

環境税の場合，原料生産に対して課税する場合と消費段階で課税する場合で，その効果が異なる。原料生産段階の場合，産業活動への誘導となり，消費段階の場合，消費者の意向の変化が期待できる。しかし，目的税としなければ，インセンティブが低くなってしまうおそれがある。

5.1.4 今後の課題 --

わが国の場合，環境税や排出権取引の経験が少なく，経験のある直接規制でコントロールする傾向が強い方向へ傾く可能性がある。しかし，国際的な動向を踏まえると，経済的誘導を追い風とし，環境効率や資源生産性を向上させ，環境汚染が少ない産業構造を調整し，消費者の購入選択の視点を変化させることが望まれる。

デンマークでは，飲料水ボトルのデポジット制を定めた「ビール及び清涼飲料容器に関する法律」を1971年に制定しており，1989年の省令改正後には，PETボトル回収率が98.5％となり，再使用率（リユース率）が95.0％となった。再使用推定回数は，20回以上あるとされている。なお，デンマークでは，1999年からリユースPETボトルによるビールを販売している。経済的な誘導政策が成功した資源生産性向上の例であると考えられる。

ただし，排出権取引等経済的誘導においては，汚染する権利を認めているとの環境団体からの批判もあり，慎重な対応も必要である。

5.2　環境規制の限界

5.2.1　最善の技術と情報整備 --------------------------------

　化学物質汚染が空間的に拡大し，長時間を要して環境中で形態を変えてい
き，複数の環境媒体に拡散する。すなわち環境中に排出された化学物質は，大
気，水質，土壌といった各環境媒体に環境条件（気温，湿度，気圧，その他気候
条件）に基づいて不規則に存在することとなり，個別媒体ごとの規制では環境
全体の汚染リスクを効率的に低下させることは困難であるといえる。英国の
1990年環境保護法（Environmental Protection Act 1990）第一部（第1条から第28条）
には，あらゆる環境媒体の保護を目的とした統合的汚染規制（Integrated
Pollution Control：以下，IPCという）が定められている。汚染の取締り責任も英
国汚染検査局（Her Majesty's Inspectorate of Pollution：以下，HMIPという）に一元
化され，行政側の環境保全統合的管理の体制も整備された。IPCでは，各製造
工程（Industrial Processes[*1]）について事前許可制度をとり，排出基準，環境モニ
タリング，当局への情報提出，製造工程の管理・運転上の基準が設けられてい
る。HMIPでは，収集した汚染化学物質放出の詳細情報から英国のPRTR制度
である化学物質放出インベントリー（Chemical Release Inventory [CRI]）も作成
している[*2]。汚染の空間的時間的拡大に対応した合理的で先進的な環境法である
と考えられる。

　しかし，当該法の第4条（四）で規定されている事前許可の要件として義務
づけられている「過剰な費用負担を要しない実現可能な最善の技術（Best
Available Techniques Not Entailing Excessive Cost [BATNEEC]）」の利用に関して
は，事業者にとって対応がかなり難しいといえよう。第**2**章で述べた新潟水俣
病事件新潟地裁判決では，事業者の汚染防止のための予見義務として最高の調
査技術を用いることを求めている。「最善の技術」は，常に変化しており，極
めて曖昧である。事業者は，汚染化学物質の使用・放出関連の情報のみではな

く，化学物質の放出抑制技術・検出技術についても調査しなければならない。
これら全体について合理的に調査・管理するには，LCAによる基礎情報が必
要となってくるだろう。現状では，最善の技術を導入できる状態を作ることが
最も重要である。

　また，汚染発生後の「情報の整備」をする場合，汚染者の「情報の提供義務
規定」を定めたドイツの環境損害賠償責任法（民法の特別法として1991年から施行）
が注目される。この法律では，被害者は，損害を発生させたと想定される施設
所有者に対して，損害賠償請求権が存在することを確認するために必要な限度
で情報を請求することができる（第8条1項）と定められている。ただし，秘
密保持が必要な場合は情報請求権は存在しないと規定されている（第8条2
項）。また，加害施設を認可，監督，または環境への影響を把握することを所
管する官庁からも情報を入手することができる（第9条）。一方，加害施設所有
者についても被害者に対する損害義務の範囲または他の施設所有者に対する補
償請求権の範囲を確認するために，必要な限度で，被害者，他の施設所有者，
および第9条で定められた官庁から情報を求めることができる（第10条）と規
定されている。したがって，汚染を発生させた場合，汚染者の事前対応が被害
者に公開されることとなり，汚染に対する事前調査と汚染防止対策（導入技術
のレベル）などが裁判で評価・判断されることとなる。さらに，行政の事前対
応に関しても評価されることとなる。

　今後わが国においても，新たな技術の環境影響に関する事前評価制度を確立
し，関連情報の公開請求制度を充実させ，多様な汚染に対する未然防止と再発
防止対策を整備していかなければならない。PRTR情報などと組み合わせマト
リックスで評価するなどすれば，最善の技術を普及するための総合的検討が期
待できる。これには，様々な要素技術の理解と極めて多くの汚染要因を分析し
なければならないため，個々の問題に適宜法律で個別対応することは不可能に
近い。このため，企業等の自主的対処と一般公衆など被害者になるおそれがあ
る者への対応方法の理解を普及させなければならない。

5.2.2 環 境 権 --

　環境権は，明確に定まった権利ではなく，その定義も意見が分かれている。法学関係者にもその権利の存在自体を強く否定するものと，必要性を主張する者がいる。対象とする環境は，景観や眺望など個人的な感覚でずれが生じるものや入浜権のように住民運動に広がるものなど様々である。渡り鳥の飛来地や自然にすむ生物などの生息地などで被害を受ける生物の環境権も主張される。フランスでは，政府が認定した環境団体に対して開発を差し止める裁判の提訴権（原告適格性）を認めており，米国でも，環境保護団体に原告適格を認めた例がある。開発によって，人に直接的損害が発生しない場合，生態系を保護する議論の際の1つの論拠となる。ただし，科学的根拠がなく人の感覚的価値観のみで，環境権を認めることは無意味である。人間が「かわいい」などと思っている動物のみを保護し，「気持ちが悪い」と思う生物を駆除するといったことを行えば，かえって生態系は破壊される。環境権には，自然科学，社会科学，および人文科学の面すべてからの考察が必要であり，その存在の確定は極めて複雑といえよう。

　対して，人が暮らす上でのアメニティ（amenity）の面からの人の感覚的価値観は認められている。世田谷区砧町日照妨害事件（最判昭和47年6月27日・民集26巻5号1067頁）では，「居宅の日照，通風は，快適で健康な生活に必要な生活利益であり，それが他人の土地の上方空間を横切ってもたらされるものであっても，法的な保護の対象にならないものではなく，加害者が権利の濫用にわたる行為により日照，通風を妨害するような場合には，被害者のために，不法行為に基づく損害賠償の請求を認めるのが相当である」と判示されており，いわゆる「日照権」が定められている。この権利は，1976年の建築基準法の改正により明文化され，第56条の2に「日影による中高層の建築物の高さの制限」が規制されている。

　また，わが国では1970年に環境権がすでに提唱されており，その根拠として憲法第13条「幸福追求権」と憲法第25条「生存権」が取り上げられている。

> **憲法第13条** 個人の尊重，生命・自由・幸福追求の権利の尊重
> すべて国民は，個人として尊重される。生命，自由及び幸福追求に対する国民の権利については，公共の福祉に反しない限り，立法その他の国政の上で，最大の尊重を必要とする。

> **憲法第25条** 生存権，国の生存権保障義務
> すべて国民は，健康で文化的な最低限度の生活を営む権利を有する。
> (2) 国は，すべての生活部面について，社会福祉，社会保障及び公衆衛生の向上及び増進に努めなければならない。

　しかし，判例においては，不法行為が原告に具体的な危険を及ぼすことは理解されているが，環境権が明確に承認されることはない。豊前火力発電所訴訟［差止訴訟］（福岡地裁小倉支判昭和54年8月31日・判時937号19頁）では，「環境権は，各個人の権利の対象となる環境の内容，地域的範囲，その侵害の概念，さらに権利者の範囲において限定しがたく，権利概念自体として不明確であるので法的権利性を承認することはできない。」と判示され，具体的な権利義務を内容とするものはないとして，控訴審も訴えを却下，最高裁（最判昭和60年12月20日・判時1181号77頁）も「当事者適格を欠く」として上告を棄却している。また，大阪国際空港事件（大阪高判昭和50年11月27日・判時797号36頁）の人格権・環境権に基づく差止請求では，高裁において被害者の請求である午後9時から翌朝7時までの空港の使用禁止を認めている。その理由として，公共性を理由に差止めを否定することには限界があることを明示している。しかしながら，最高裁判所の判断（最判昭和56年12月16日・民集35巻10号1369頁）では，原告らの民事的差止請求は不可避的に航空行政権の行使の取消・変更・発動を求める請求を包含することとなり，民事的差止請求としては不適法であり，門前払い却下を免れないとされた。

　一方，環境権の根拠として，環境基本法第3条「環境の恵沢の享受と継承等」，第8条「事業者の責務」も挙げられている。長良川河口堰訴訟（岐阜地判平成6年7月20日・判時1508号29頁）では，河口堰の建設が流域の生態系を破壊することを理由に，環境基本法3条，8条に基づく環境権を根拠として建設差

止めを求めたが，当該環境基本法規定は，個々の国民に対して直接に事業者に対する具体的権利を付与したものでないとして環境権の権利性を否定した。

　人の内面的な影響（精神的汚染）を，法律によって対処するには限界があるといえる。環境権の侵害について，不利益を経済的価値で評価したり，医学的損害を証明したりすることが極めて難しい。経済的価値については，アンケートなどにより統計的な有意を証明したり，精神的障害については疫学調査などが活用できれば，具体的な権利として定まってくる可能性は考えられる。科学技術が発展することにより，具体的な汚染が明確化し，その対処も高度化していることから，今後は，環境権が問われる生活騒音や眺望など精神的な影響に対する環境問題が浮上してくるだろう。

5.2.3　未知な汚染への対処
——科学技術の必要性と一般公衆の平穏で安全な生活 --------------

（1）　概　要

　1986年にわが国ではじめて組換えDNA技術を利用したヒト・インシュリン等の医薬品が発売され，医薬品，化学メーカーを中心に経済的に付加価値の高い製品の開発に集中した。化学メーカー等ではコモディティケミカルからファインケミカルへの転換時期となったところが多かった。国家的な重要な技術政策の1つとして，遺伝子を操作する先端技術開発は，現在なお進められている。しかし，一般公衆にとっては，新たな生物（遺伝子組換え体［以下，組換え体とする]）や新たな物質（組換え技術を利用して生産された食品など物質）など，経験的に理解することができなく，未知の危険感を持つのは当然である。また，100％の安全は科学的にも証明は不可能である。1980年代に汚染が懸念された半導体生産では，従来あまり使用されていなかった特殊材料ガスが問題となり，その後MSDS制度整備のきっかけとなっている（遺伝子操作の安全規制に関しては第**4**章**4.1.6**参照）。

（2）　汚染リスク

　組換え体が放出され被害が生じた汚染事件はない。しかし，遺伝子組換え実

験施設からの組換え体放出の潜在的リスクが問題となった事件がある。「P4
施設利用差止め等請求事件」（水戸地裁土浦支判平成5年6月15日・訟月40巻5号
1002（118）頁）では，実験ガイドラインで最もリスクが高いとされるP4レ
ベルのDNA実験実施に対して，施設周辺住民のリスク回避措置（安全性）への[*3]
懸念が明確に示された。判決は，原告ら（施設周辺住民）の請求が棄却となっ
ているが，高度な技術の潜在的リスクが争点となったことが注目される。

① 潜在的リスク

　原告らの請求は，「被告理化学研究所のP4実験室におけるP4レベルの組
換えDNA実験により，その生命，身体に回復しがたい重大な損害を受けるお
それがあり，平穏で安全な生活を営む権利（下線，原告らの請求）や生命，身体
に対する安全性の意識が現に侵害されているとして，被告理化学研究所に対
し，不法行為及び人格権に基づいてP4実験室をP4レベルの組換えDNA実
験に使用することの差し止めを求め，また，すでにP4実験室でなされた各実
験により損害を被ったとして，被告理化学研究所及びその理事長である被告小
田稔に対し不法行為に基づく損害賠償を求める」となっている。原告らの主張
には，組換え体の未知なリスクと実験で使用する病原体そのもののリスクが混
在した形で述べられており，さらに安全設備の不備の可能性や事前説明等情報
公開の不備が取り上げられている。これらのリスクは，病原体を取り扱ってい
る従来の研究機関や病院でも同様なものがあり，当該P4施設の方がむしろ遺
伝子組換えガイドラインによって高い安全性が確保されているともいえる。最
も重要な争点は，組換え体の未知なリスクである。この事件での特徴は，「当
該技術が高度なため実験内容が一般公衆には理解できないこと」と，「安全性
の確認の基準が従来のモニタリング規制のように排出濃度で決められないこ
と」である。

　わが国では環境保護の立場から病原体の放出を規制するものはなく，環境中
で未知なリスクを持つ組換え体の放出を規制するガイドラインのみである。組
換え体の安全確認は，宿主とベクターの固有の性質で評価されており，遺伝子
組換えガイドライン発表前に感染性微生物等のガイドラインが示される必要が
あったといえる。ゆえに，取り扱っている微生物およびウイルス，リケッチア

等の定性的確認および取扱い内容（実験内容）と放出・廃棄を記録・確認する
初歩的な安全対策が必要であろう。

　また，平穏で安全な生活を営む権利は，人格権の一種であり誰もが持つ権利
である。この権利が未知なリスクを持った組換え体に関する不安感によって侵
害されることは当然であり，未知なリスクに対して一方的に安全であると説明
しても一般公衆には理解できない。

　②　汚染対策

　被告は，実験指針の遵守によって，安全性が確保されていることを強く主張
している。しかし，リスクは「ない」と断言していることに疑問を感じる。そ
の理由は，科学的現象で「完全」となるのは理想的状況が存在したときのみで
あり，現実（地球上）ではありえない。科学的（または化学的）解析・分析には，
常に不確定要因があり，統計的有意性がある数値を利用する。例えば，微生物
汚染の定量分析では，一定の空間について空中に浮遊する微粒子を測定するだ
けで検査対象空間の全容量を測定しているわけではない。また，シールのため
のHEPAフィルターも99.97％の補修効率が規格となっており，100％の封じ込
めではない。

（3）　安全協定による対処

　大阪府吹田市では，「吹田市遺伝子組換え施設に係る環境安全の確保に関す
る条例」を1995年4月より施行している。この条例では，国の指針に加えて，
立入り検査の権利が市に与えられており，上乗せ規制の規定も含まれている。
また，遺伝子組換え実験を実施する企業と市との安全協定の義務づけもあり，
すでに数件（吹田市と，大幸薬品，大日本製薬，大阪バイオサイエンス研究所，蛋白
工学研究所，生物分子工学研究所［BERI］とが協定を結んでいる）の協定が締結され
ている。生物分子工学研究所と，吹田市古江台自治協議会，大阪市，吹田市で
結ばれた「生物分子工学研究所に係る協定書」（1996年5月協定締結）には，「緊
急時の措置として，環境汚染の恐れがあるときは研究を中止し，対応措置を講
じること及びその報告義務」および「P3実験の禁止」が盛り込まれている。
リスクの性質に不明なところが多い汚染に対して，緊急時のみの報告では，安

全確保が十分に行えるとは思われない。通常時の貯蔵等の情報も必要と考えられる。また，蛋白工学研究所と吹田市で締結した「環境安全協定」（1996年3月）では，排気，排水に関して国の指針に上乗せした基準が導入された。従来の公害防止協定と同様の内容となっているが，科学的に十分に安全が検討された実験指針が定めた排出基準を単に上乗せしても環境安全が合理的に高まるとは考えにくい。

　リスクが不明な汚染対策であることに着目するならば，実験における通常時の貯蔵などの報告と，事故時対策（封じ込め）の方法を事前検討することが重要である。これら協定は，周辺住民の精神的な安全を重視したものと考えられる。また，リスクが不明な汚染に対して，特定地域で異なった対策がとられることは，環境全体のリスク評価の面から考え妥当な方法でない。全国一律に規制を実施することが必要と思われる。

（4）　リスクへの対処

　自然環境中に含まれるすべての物質は，自発的または他の物質と物理的化学的反応を生じる。生体内部も化学物質の集合体であり，環境中の物質と何らかの反応を起こす。その反応もその環境雰囲気で変化し，一定ではない。通常の自然の変化以外のものが発生すると，自然破壊または人格権侵害（汚染）へとつながる可能性がある。自然界のすべての物質は環境汚染を発生させる潜在的リスクを持っている。そのリスクが早期（急性的影響）に現れるか，長期間経過後発現（慢性的影響）するかは，その環境雰囲気や反応の性質によって様々である。経世代にわたって発現することもある。また，超微量放射線のように膨大な期間を要しての遺伝子への刺激により変化をもたらすものもある。物質の自然および生体への影響は，デジタル的に突発的に生じるものではなく，アナログ的に絶えず生じているものである。未知なリスクが問題を生じることは新たなことではなく，これまでの有害物質汚染の多くが物質の解明されていない性質によって引き起こされている。

　未知なリスクに対して対処が可能となれば最も理想的である。また，リスクが不明なものを使用しない方法も考えられる。この方法は，残留農薬に関して

原則規制（禁止）された状態で，使用を認めるものについてリスト化する農薬取締法や食品衛生法で行われている。この規制は，ポジティブリストによる規制と呼ばれている。対して，公害規制以来高いリスクが明白となったものについてリスト化し取り締まる，いわゆるネガティブリストによる方法も，莫大な化学物質が拡散し使用されている社会においては不可欠なものである（ネガティブリストによる規制）。もし何らかの環境問題が発生したとしても最小限でとどめる社会システムが構築されることが望まれる。

（5）人が管理する自然

　環境保護は，環境汚染または環境破壊によって人に何らかの被害がおよぶことを防止するために行われている（人間中心主義）。しかし，四大公害は特定地域における環境中の物質バランスが変化することで発生しており，食物濃縮等生態系のシステムが被害を悪化させる要因となっている。他方，地球温暖化に関しても，自然の物質循環等システムに不明な部分が多いため，気候変動等との関連を高い蓋然性を持って推定できる範囲が限られている。このような状況で，自然環境中における有害物質や地球温暖化原因物質などの挙動や存在比率（濃度，総量）などを人為的に管理することは極めて難しいといえる。

　また，水俣病の原因物質である水銀は，わが国では環境法によって厳しく規制されているが，当該公害が問題となってから40年以上も経過してから世界の多くの国で水俣病が発生している。その理由は，工業的に重要な性質を持つ金への需要が高まり，その分離に使用される水銀が不注意に取り扱われたことで汚染が生じたことによる。これに対処するために2013年10月「水銀に関する水俣条約」（Minamata Convention on Mercury）が採択されている。人が環境を管理するには，国内外の経済に関した動向が大きく関与しているといえる。しかし，経済安定も非常に難しく，脆弱なものである。

　さらに，国内外の物流が盛んになり，動植物等生物も人為的（または非意図的）な移動が増加し，様々な地域に新たに導入された動植物等生物が生態系を変化（または破壊）させてしまうことも懸念されている。わが国では，外来生物種が在来種の生息を脅かし，現在の生態系の破壊，人への被害を発生させて

いる。この対処として，「特定外来生物による生態系等に係る被害の防止に関する法律」（略称，外来生物法［2005年6月公布］）が制定されている。また，国内においても人によって新たに持ち込まれ繁殖してしまった生物や，人の生活域の拡大，地球温暖化等で生息域等が変化してしまった生物などが多い。例えば，シカやイノシシ等が急激に増加してしまったため，「鳥獣の保護及び狩猟の適正化に関する法律」(略称：鳥獣保護法)は，個体数の管理規制を追加させ「鳥獣の保護及び管理並びに狩猟の適正化に関する法律」（鳥獣管理法）へと2014年に改正されている。対して，「文化財保護法」のもと，天然記念物または特別天然記念物に指定された生物（種）は，法で指定された地域で生息が保護されている。

　生物や生態系の保護を中心に考え（生態中心主義），人類が生態系の一部であることを進める検討もはじまっているが，上記人間中心主義的な規制とは相容れない関係にある。自然システムにはまだ不明な部分が莫大にあり，未知な汚染や環境破壊は今後も発生する可能性は高い。科学技術の発展，人の活動の変化に伴い環境保護制度は適宜発展していかなければならない。

【注】
＊1：IPCの製造工程　　燃料および電力産業，金属産業，化学産業，鉱業，廃棄物処理産業，その他（製紙業，塗装業，製材業，ゴム製造業等）の分類となっている。
＊2：CRI記載レポート　　Her Majesty's Inspectorate of Pollution, Chemical Release Inventory（ANNUAL REPORT 1992 & 1993）1頁～16頁。
＊3：P4レベル　　rDNA実験ガイドラインでは，実験のリスクレベルによってP1～P4に分類しており，P4は高い感染性の病原体を用いる最も高いリスクを持つレベルである。

参 考 文 献

1） 長倉三郎ほか編『理化学辞典』第3版（岩波書店，1981年），第5版（同，1999年）

2） 内閣府編『学技術政策レポート2003』（国立印刷局，2003年）

3） 資源エネルギー庁『エネルギー2003』（2003年）

4） 電気事業連合会『エネルギーの基礎2001』（2001年）

5） 勝田悟『汚染防止のための化学物質セーフティデータシート』（未来工学研究所，1992年）

6） 勝田悟『環境論』（産能大学，2001年）

7） 勝田悟『持続可能な事業にするための環境ビジネス学』（中央経済社，2003年）

8） 環境省総合環境政策局環境計画課編『平成16年版　環境白書』（ぎょうせい，2004年）

9） 吉本與一監修，串田一樹・谷古宇秀編『薬剤師が行う医療廃棄物の適正処理』（薬業時報社，1997年）

10） 矢崎幸生編集代表『現代先端法学の展開〔田島裕教授記念〕』（信山社，2001年）

11） 手代木琢磨・勝田悟『文科系学生のための科学と技術』（中央経済社，2004年）

12） 環境省編『新・生物多様性国家戦略』（ぎょうせい，2002年）

13） 通商産業省バイオインダストリー室監修『“組換えDNA技術工業化指針”の解説』（バイオインダストリー協会，1987年）

14） 科学技術庁研究開発局ライフサイエンス課編『組換え実験指針』（1987年）

15） ドネラ・H．メドウス，デニス・L．メドウス，シャーガン・ラーンダス，ウィリアム・W．ベアランズ3世（大来佐武郎監訳）『成長の限界——ローマクラブ「人類の危機」レポート』（ダイヤモンド社，1972年）

16） ガレット・ハーディン（竹内靖雄訳）『サバイバル・ストラテジー』（思索社，1983年）

17） レイチェル・カーソン（青樹簗一訳）『沈黙の春』（新潮社，1974年）

18） 鷲見一夫『世界銀行——開発金融と環境・人権問題』（有斐閣，1994年）

19） 広部和也・臼杵知史編修代表『解説国際環境条約集』（三省堂，2003年）

20） 環境法令研究会編『環境六法　平成16年度版』（中央法規出版，2004年）

21)　環境比較環境法環境法令研究会監修『環境六法　平成24年版』1, 2（中央法規出版，2012年）

22)　エルンスト・U．フォン・ワイツゼッカー（宮本憲一・楠田貢典・佐々木建監訳）『地球環境政策』（有斐閣，1994年）

23)　外務省国際連合局経済課地球環境室編『地球環境宣言集』（大蔵省印刷局，1991年）

24)　勝田悟「化学物質管理法に基づいた優先的削減が必要な物質選定に関する研究」財団法人消費生活研究所2003年度持続可能な社会と地球環境のための研究助成論文

25)　K．W．カップ（篠原泰三訳）『私的企業と社会的費用』（岩波書店，1959年）

26)　環境庁・外務省監訳『アジェンダ21——持続可能な開発のための人類の行動計画——（'92地球サミット採択文書)』（海外環境協力センター，1993年）

27)　環境と開発に関する世界委員会編『地球の未来を守るために ——Our Commom Future』（福武書店，1987年）

28)　阿部泰隆・淡路剛久編『環境法〔第4版〕』（有斐閣ブックス，2011年）

29)　淡路剛久ほか編『環境法判例百選』別冊ジュリストNo.171（有斐閣，2004年）

30)　淡路剛久ほか編『環境法判例百選〔第2版〕』別冊ジュリストNo.206（有斐閣，2011年）

31)　国立衛生試験所化学物質情報部監修，ICSC国内委員会監訳『国際化学物質安全性カード（ICSC）日本語版〔第4版〕』（化学工業日報社，1999年）

32)　環境庁地球環境部監修『IPCC地球温暖化第二次レポート』（中央法規出版，1996年）

33)　IPCC（気候変動に関する政府間パネル）編（文部科学省・経済産業省・気象庁・環境省訳）『IPCC地球温暖化第四次レポート』（中央法規出版，2009年）

34)　UNEP "Radiation Dose Effects Risks (1985)" 日本語訳：国連環境計画編（吉澤康雄・草間朋子訳）『放射線　その線量，影響，リスク』（同文書院，1989年）

35)　環境庁地球環境部監修『酸性雨——地球環境の行方』（中央法規出版，1997年）

36)　加藤雅信『現代不法行為法学の展開』（有斐閣，1991年）

37)　香西茂・大寿堂鼎ほか『国際法概説〔第4版〕』（有斐閣双書，2001年）

38)　文部科学省国立天文台編『理科年表　環境編〔第2版〕』（丸善，2006年）

39)　井上民二・和田英太郎編『岩波講座地球環境学5　生物多様性とその保全』（岩波書店，1998年）

40)　高橋裕・河田恵昭編『岩波講座地球環境学7　水循環と流域環境』（岩波書店，1998年）

41)　ステファン・シュミットハイニー，持続可能な開発のための産業界会議（BCSD）（BCSD日本ワーキング・グループ訳）『チェンジング・コース——持続可能な開発への挑戦』（ダイヤモンド社，1992年）

42)　ステファン・シュミットハイニー，フェデリコ・J．L．ゾラキン，世界環境経済人協議会（WBCSD）（矢野明弘・加藤秀樹監修／環境と金融に関する研究会訳）『金融市場と地球環境——持続可能な発展のためのファイナンス革命』（ダイヤモンド社，1997年）

43)　東京海上火災保険株式会社編『環境リスクと環境法（欧州・国際編）』（有斐閣，1996年）

44)　安田火災海上保険株式会社・安田総合研究所編，加藤一郎・森島昭夫・大塚直・柳憲一郎監修『土壌汚染と企業の責任』（有斐閣，1996年）

45)　F．シュミット・ブレーク（佐々木建訳）『ファクター10』（シュプリンガー・フェアラーク東京，1997年）

46)　エルンスト・U．フォン・ワイツゼッカー，エイモリー・B．ロビンス，L．ハンター・ロビンス（佐々木建訳）『ファクター4』（省エネルギーセンター，1998年）

47)　庄司克宏『新EU法　基礎編』（岩波書店，2013年）

48)　マイケル・グラブほか（松尾直樹監訳）『京都議定書の評価と意味』（省エネルギーセンター，2000年）

49)　霞が関地球温暖化問題研究会編・訳『IPCC地球温暖化レポート』（中央法規出版，1991年）

50)　経済産業省『自動車リサイクル法の本格施行に向けて』（2003年）

51)　UNDP『人間開発報告書（Human Development Report：HDR)』（1990年）

52)　UNDP『人間開発報告書2013——多様な世界における人間開発』（2013年）

53)　OECD編，環境省監訳『OECDレポート　日本の環境政策　第3次』（中央法規出版，2011年）

54)　環境省『環境報告ガイドライン（2012年版）』（2012年）

55)　国際連合広報センター『リオ＋20　国連持続可能な開発会議：私たちが望む未来（The Future We Want)』（2012年）

56)　電気事業連合会『原子力・エネルギー図面集　2013年度版』（2014年）

57） 環境省『平成26年版　環境・循環型社会・生物多様性白書』（2014年）

58） 勝田悟『地球の将来　環境破壊と気候変動の驚異』（学陽書房，2008年）

59） 勝田悟『グリーンサイエンス』（法律文化社，2012年）

60） 勝田悟『原子力の環境責任』（中央経済社，2013年）

61） 勝田悟『環境政策——経済成長・科学技術の発展と地球環境マネジネント』（中央経済社，2010年）

62） Toxic Release Inventory, public data release, 1995 U.S. EPA.

63） Toxic Release Inventory, public data release, 1996 U.S. EPA.

64） Toxic Release Inventory, public data release, 1998 U.S. EPA.

65） RCRA Orientation Manual - 1990 Edition U.S. EPA.

66） CFR 40 Protection of Environment, GPO in USA.

67） UMWELTPOLITIK, March 1990, Federal Republic of Germany.

68） Toxic in community, 1989, US EPA.

69） Chemical Release Inventory Report 1992 & 1993, Her Majesty's Inspectorate of Pollution.

70） Gesetz uber die Einspeisung von Strom aus erneuerbaren Energien in das offentliche Netz (Stromeinsp eisungsgesetz) vom 7. Dezember 1990 (BGBl. I S.2633).

71） Gesetz fur den Vorrang Erneuerbarer Energien (Erneuerbare-Energien-Gesetz -EEG) vom 29. Marz 2000 (BGBl.I S.305).

索　引

さ 行

212

＊法律名等の後の［　］は国名を表す。
　［米］…米国，［英］…英国，［デ］…デンマーク，［ド］…ドイツ
　なお，特定していない法律は日本を示す。

■著者紹介

勝 田　悟（かつだ　さとる）

1960年，石川県金沢市生まれ。
東海大学教養学部人間環境学科・大学院人間環境学研究科教授。
工学士（新潟大学）［分析化学］，法修士（筑波大学大学院）［環境法］。
＜職歴＞政府系および都市銀行シンクタンク（研究員，副主任研究員，主任研究員，
　　　　フェロー），産能大学経営学部（助教授）を経て，現職。
社会的活動として，中央・地方行政機関，電線総合技術センター，日本電機工業会，
日本放送協会，日本工業規格協会他複数の公益団体・企業，民間企業の環境保全関連
検討の委員長，副委員長，委員，アドバイザー，監事，評議員などをつとめる。

【主な著書】

［単著］
　『ESGの視点　環境，社会，ガバナンスとリスク』（中央経済社，2018年），『環境学
　の基本　第三版』（産業能率大学，2018年），『CSR　환경책임（CSR環境責任）』
　（Parkyoung Publishing Company，2018），『環境概論 第2版』（中央経済社，2017
　年），『環境責任　CSRの取り組みと視点—』（中央経済社，2016年），『生活環境と
　リスク—私たちの住む地球の将来を考える—』（産業能率大学出版部，2015年），『原
　子力の環境責任』（中央経済社，2013年），『グリーンサイエンス』（法律文化社，
　2012年），『環境政策—経済成長・科学技術の発展と地球環境マネジメント—』（中
　央経済社，2010年），『地球の将来—環境破壊と気候変動の驚異—』（学陽書房，
　2008年），『環境戦略』（中央経済社，2007年），『早わかり　アスベスト』（中央経済
　社，2005年），『知っているようで本当は知らない　シンクタンクとコンサルタント
　の仕事』（中央経済社，2005年），『環境情報の公開と評価—環境コミュニケーショ
　ンとCSR—』（中央経済社，2004年），『持続可能な事業にするための環境ビジネス学』
　（中央経済社，2003年），『環境論』（産能大学；現産業能率大学，2001年），『汚染防
　止のための化学物質セーフティデータシート』（未来工研，1992年）など。
［共著］
　『企業責任と法—企業の社会的責任と法の在り方—〔企業法学会編〕』（文眞堂，
　2015年），『文科系学生のための科学と技術』（中央経済社，2004年），『現代先端法
　学の展開〔田島裕教授記念〕』（信山社，2001年），『薬剤師が行う医療廃棄物の適正
　処理』（薬業時報社；現じほう，1997年），『石綿代替品開発動向調査〔環境庁大気
　保全局監修〕』（未来工研，1990年）など。

Horitsu Bunka Sha

環境保護制度の基礎〔第4版〕

2004年9月30日	初 版第1刷発行	
2009年1月15日	第2版第1刷発行	
2015年3月15日	第3版第1刷発行	
2020年1月15日	第4版第1刷発行	

著　者　　勝田　悟

発行者　　田靡純子

発行所　　株式会社　法律文化社

〒603-8053
京都市北区上賀茂岩ヶ垣内町71
電話 075(791)7131　FAX 075(721)8400
https://www.hou-bun.com/

印刷：西濃印刷㈱／製本：㈱藤沢製本
装幀：白沢　正
ISBN 978-4-589-04052-7

勝田 悟著

グリーンサイエンス

A 5 判・200頁・2500円

人を幸福にするはずの科学が本来の目的から逸脱しはじめている。3.11 がその例である。グリーンサイエンスとは，この現状をふまえ環境責任を明確にした科学のことである。本書はこれからの環境と科学のあり方を考える案内書である。

大塚 直編〔〈18歳から〉シリーズ〕

18歳からはじめる環境法〔第2版〕

B 5 判・98頁・2300円

環境法の機能と役割を学ぶための入門書。公害・環境問題の展開と現状を整理し，環境保護にかかわる法制度の全体像を概観する。初版刊行（2013年）以降の関連動向や判例法理の展開をふまえ，全面的に改訂。

吉村良一・水野武夫・藤原猛爾編

環 境 法 入 門〔第4版〕
―公害から地球環境問題まで―

A 5 判・294頁・2800円

環境法の全体像と概要を市民（住民）の立場で学ぶ入門書。Ⅰ部は公害・環境問題の展開と環境法の基本概念を概説。Ⅱ部は原発事故も含め最新の事例から法的争点と課題を探る。旧版（07年）以降の動向をふまえ，各章とも大幅に見直し，補訂した。

北川秀樹・増田啓子著

新版 はじめての環境学

A 5 判・222頁・2900円

日本と世界が直面しているさまざまな環境問題を正しく理解したうえで，解決策を考える。歴史，メカニズム，法制度・政策などの観点から総合的に学ぶ入門書。好評を博した初版（2009年）および第2版（2012年）以降の動向をふまえ，最新のデータにアップデート。

周 瑋生編

サステイナビリティ学入門

A 5 判・218頁・2600円

「サステイナビリティ」（持続可能性）の学問体系の構築と普及を試みた入門的概説書。地球環境の持続可能性という同時代的要請に応えるために，どのような政策が追究されるべきかを問う視座と具体的なアジェンダを提起する。

―――法律文化社―――

表示価格は本体（税別）価格です